衍生性商品與 ISDA 合約

法務控管實務手冊

Handbook of Legal Practice in Derivatives and
ISDA Agreement

簡堅訓　著

作者簡介－

簡堅訓

學歷
東吳大學比較法法學士
淡江大學國際法法學碩士

現職
寶來金融集團　法務經理

教職
聖約翰技術學院財務金融系　兼任講師
世新大學法律研究所網路金融交易講座

證照
證券高級業務員
投信投顧業務員
期貨業務員
股務人員
銀行內稽內控
銀行授信
銀行信託

文章
《ISDA 合約法務控管初探》
台灣期貨暨衍生性商品學刊 2003 年第一期
《EC 經營者的第一堂法律課》
數位科技期刊九十三年四月號

推薦序

　　由台灣本土券商出發來到國際主要金融市場之一的香港，雖然只有不到 100 分鐘的飛行航程，但在業務開拓的距離上卻讓初來乍到的人有著咫尺天涯的深切感受。許多業務承作範圍看似開放，但參與其中的從業人員似乎又被一道看不見的紀律光圈所規範，港台兩地市場環境的差異點的確是個值得深思的問題。

　　接任寶來證券（香港）有限公司董事總經理一職至今已有一年半的時間，原先在台灣雖然也有兩年擔任國際金融部營運長的實戰經歷，但是由客戶銷售端的思考模式到管理一個註冊於香港的證券公司，其中令我成長最多的便是國際間巨細靡遺的各式金融商品及交易約定，而這些行諸於文字看似瑣碎的條款，卻是國際金融從業人員奉若聖經的業務執行準則，因為他所代表的不只是單一國家法規的遵循，其背後所主要彰顯的是一個金融機構的專業能力程度，其中 ISDA 契約的安排，更是兩個專業金融機構間進行業務往來角力的前哨戰，其重要性不可忽略。

　　堅訓兄擔任本公司法務室經理一職，其對於國際間金融商判的能力讓身處香港異域的同仁們得到最全力的支持，很高興他能在百忙之中將其經驗彙編成冊，與大家分

享他寶貴的經驗，並且很榮幸能由寶來香港來擔任整體呈現的企劃事宜，本人在此誠　推薦並希望能有更多人才投入這個市場。

寶來金融集團
寶來證券國際金融部營運長　暨
寶來證券(香港)董事總經理　劉宗聖

劉宗聖

推薦序

　　民國 89 年 6 月 17 日，櫃檯買賣中心開放「可轉換公司債資產交換」業務，開啟了債券相關「櫃檯型」（Over-the-counter）交易的濫觴。其後的「利率交換」、「利率衍生性商品」、「債券選擇權」……等一連串債券創新業務之開放，不僅提供債券交易員更多樣化的操作工具，也擴大國內債券交易商的業務範圍，從過去單純「看方向、賭大小」的自營交易，延伸至固定收益商品服務的提供者。以上業務發展的基礎皆始於 ISDA 合約之簽訂，唯有交易兩造簽定 ISDA 合約，交易方得展開、進行、進而蓬勃發展。然而，金融市場變化多端，衍生性商品高槓桿之特性，使其背後隱含風險不小於其創造之可能利益，惟有動態、具前瞻性的法律規範架構，方能真正達到事前預防風險、事後解決爭議之目的。

　　過去三年來，寶來債券處一直居於國內創新固定收益商品之領導者地位，然而任何一項業務的成功，除了財工人員的研發、行銷人員的推廣之外，法律與相關制度的配合更是不可或缺。因衍生性商品具高槓桿、高風險之特質，不僅對一般投資人而言難度甚高，即便具一定專業之

法人,操作不慎的例子亦時有所聞。藉著 ISDA 合約之簽訂,可預防風險、確保雙方權益,從而鞏固交易雙方之信心,促進交易之順利開展。過去幾年來,堅訓兄熱心提供法務面的專業提點與協助,對近年積極推展創新債券業務的寶來債券處,裨益甚多!欣聞堅訓兄不吝分享其法律專業,將出版國內首部衍生性商品與 ISDA 合約相關之法律著作,相信本書定能對台灣金融業之專業從業人員有所啟發與助益,從而使我國金融市場的發展更向國際化邁進!

寶來金融集團
寶來證券債券業務處總經理
匡奕柱

推薦序

　　為與國際金融市場接軌，近年來台灣衍生性商品市場的發展腳步加快許多，不論是利率、股權、匯率、信用衍生商品都不斷推陳出新，市場對於金融工具的接受程度也逐漸加寬，使得各項新型態交易活絡起來。本人有幸身處於現代新金融商品發展的潮流當中，深知一項新產品的推行，需要群體的努力。不論是業務端、交易端，或是交割執行面，都需要建立在堅強的法務觀念及完善的風險控管之上。尤其衍生性商品組合往往令人眼花撩亂，有了充足的法務知識，訂立合理完善的契約，才能在交易人及發行商面對風險的時候給予雙方一定程度的保護。

　　本人與作者於寶來證券共事多年，各項業務上接觸頻繁，幸蒙作者在法務面上之提點指教，於處理本公司衍生性金融商品交易的前、中、後台各面執行上都能給予適切且中肯之建議；因作者在此領域浸淫許久，擁有豐富之實務經驗，故於考量到完善法務風險之同時，也兼顧市場實際面之需求，俾能幫助整個集團衍生性商品業務執行得十分順利，在業界也頗具口碑。

　　ISDA 契約是 International Swap and Derivatives

Association 所發表的文件，並已成為國際間交易店頭買賣
（Over-the-counter）衍生性商品最主要的契約規格。隨著
衍生性商品市場發展日熾，ISDA 契約文件的複雜度也越
來越複雜，，而各項商品發展漸趨複雜化，如何訂立完善
合理之 ISDA 契約內容規範也越來越有挑戰性，既使是專
業的金融機構也往往得耗費一兩年時間深入琢磨才能符
合實際市場需求。本書為市場上第一本以中文撰寫來介紹
ISDA 合約及商品應用之著作，以淺顯易懂文字，從證券
商從事衍生性交易的法源開始談起，再提及簽具 ISDA 契
約時應該注意的風險，進而將範圍縮小到個別衍生性商品
的操作及法務風險；伴隨作者於業界多年來耕耘所得之經
驗分享，相信必能幫助讀者建立初步清楚且完整的概念。
本人也十分樂見此書的完成，能使有志於從事衍生性金融
商品的人員以及法令制度規範人員多一份入門參考的工
具書，希冀藉由對執行面及制度法規面的流暢導覽，能使
得台灣市場的衍生性金融商品發展更加健全，進而帶動整
體金融工具的效率。

寶來金融集團

寶來證券新金融商品事業處總經理　陳凌鶴

推薦序

　　近幾年來，金融市場環境丕變無窮。首先是金融法規之整併與公佈，開啟金融機構間白熱化競爭。隨後金融監督管理委員會成立，統一過去主管機關多頭馬車之現象，並不斷依市場變化研擬開放新金融商品。各類衍生性金融商品遂如雨後春筍快速崛起，一方面市場參與者或投資人得藉由不同交易工具獲得資產配置最適化，達到避險或最大報酬目的；另方面業務經營者得據此拓展金融業務，完備其交易平台，商品量身訂做以滿足各層面客戶群。而衍生性金融商品市場交易量不斷攀升，實已為國內金融市場開啟前所未有新局面，並締造出歷史性之里程碑。

　　不論金控、銀行、證券、保險或其他企業體，對衍生性金融商品交易均已進行相當之投入；相對地，風險控管課題成為業務與規範間不可忽視之關鍵平衡。盲目偏重業務導向之操作，觀諸衍生性金融商品之高風險性，將使企業日益陷於危險邊緣。吾人對衍生性金融商品交易之認知，不宜僅以投機性短線獲利為主，而應以助益企業長期永續經營為目標。

　　作者任職寶來金融集團多年，除擁有堅強法律專業

外,並蔚然建立深厚之金融商品知識;其擅長溝通協調與
學習能力,對於衍生性金融商品之交易面及作業面能充分
掌握,每每協助業務單位法律文件及制度建立,對各案件
均能提供精確之管理建議及法律意見,使業務單位無後顧
之憂。其不受限於一般法律僵硬論斷,輔以實際商品性
質、交易運作,以兼顧業務端與法律端而由較宏觀之眼光
處理衍生性金融商品法務,誠屬難能可貴。

　　本書以業務及管理法源歷史進程及 ISDA 合約為基
礎,漸次鋪陳衍生性金融商品他律性與自律性風險控管實
務,並進而分析不同商品個別適用,最後導引出風險控管
之重要性與未來方向。此書為了解衍生性商品法律風險管
理實務之最佳參考用書之一,值得再三研讀。

寶來金融集團

華僑銀行　常務董事兼副總經理　翁建

自序 & 謝辭

　　此書得以付梓，首先要感謝寶來金融集團大家長白總裁文正，其前瞻深遠之眼界，帶領寶來邁進金融商品創新，輔以黃執行董事古彬、寶來證券(香港)有限公司兼國際金融業務處營運長劉宗聖總經理、債券業務處匡奕柱總經理及新金融商品處陳凌鶴總經理等優秀舵手之卓越貢獻，使寶來於衍生性商品取得市場領先地位。難得的是，風險控管更受到重視，尤其預防性與自律性層面幾近綿密完備，成為無形堅強力量，與金融版圖之開拓牢牢相繫。

　　身處此優秀團隊之中，深覺榮幸。衍生性商品涉及複雜財務工程及金融操作，寶來衍生性商品團隊成員，各擁有豐富知識與經驗，充滿動能，均為一時之選。拙不敢拘泥於契約本身，而是由參加教育訓練認識商品學習，由前台業務、中台交易、至後台交割流程逐步進行了解，獲得許多寶貴經驗，衍生性商品法務控管遂得以動態呈現。

　　另外要感謝的是華僑銀行翁常務董事健，撥冗不時賜予晚進耕耘空間與指導。而對寶來賴總稽核副總經理勝崇、新金融商品處邱副總榮澄、債券業務處劉協理維寧、風控室黃協理佳毓及稽核室鄭襄理鴻鋁、華僑銀行鄧經理

詩珩、李經理仁傑、趙襄理松山及其他業界先進們，就商品甚至法務角度，持續賜教給予意見斧正，銘謝肺腑，沒齒難忘。又寶來國際金融業務處黃協理昭堂及歐經理宏杰對本書出版之襄鼎、管理部林協理連進、張經理美惠、陳經理傳毅、邱經理榮豐、張副理美圓、李副理文燕、黃美蓉小姐等平時之不吝協助及集團法務團隊楊怡齡、林大權、郭舒梅、王秀娟、陳慈儀等同仁之向心支援，點滴心頭。

　　這是一本適合對衍生性商品市場參與及風險控管有興趣者之參考手冊。依序由法源、ISDA 合約、個別商品應用進行垂直分析，再水平地討論各涉及面向。全文以「他律及自律性風險控管」為核心概念，不僅適用於證券商，亦適用於從事衍生性商品交易之金融機構甚至一般交易主體。不敢遑稱學術著作，只是實務經驗心得分享。知識浩瀚而所學有限，如有訛誤，尚請海涵。

　　最重要是感謝內人文玲與小女敬容，一年多來每晚在案牘旁默默扶持鼓勵。

簡堅訓
2005 年乙酉仲夏筆於新店

目　錄

The Way to Legal Risk Management

第一章　前言

第一章　前言

　　不斷推陳出新之金融商品，變化金融市場參與者之投資組合、撼動金融機構之業務版圖、激盪多元化風險控管思考邏輯、考驗立法者規範技術。衍生性商品法務難度不在於靜態法規範架構及既定法律邏輯，係在多重動態非法律因子包含衍生性商品性質、交易型態、市場需求、風險控管規範進程等。接觸衍生性商品法務之初，筆者感覺總是捉摸五里霧中，直至嘗試放棄法務窠臼，先由客戶及初學者地位認識商品，取得業務人之溝通語言，再回過頭反覆交叉比對分析，終於得到稍微精確之視野。

　　金融商品由現貨、期貨、進展至目前熱門之衍生性商品（Derivatives）。所謂衍生性商品係指「其價值由資產、利率、匯率、指數或其他利益等商品所衍生之遠期契約、選擇權契約、期貨契約、槓桿保證金契約、交換契約，及上述商品組合而成之複合式契約等[1]」。透過縝密的財務工程，衍生性商品同時兼具投資及避險（hedge）功能，性質上同時為商品亦為操作工具，提供投資人在市場上有

---

[1]　公開發行公司取得或處分資產處理準則第四條第一款。該款復規定所稱之遠期契約，不含保險契約、履約契約、售後服務契約、長期租賃契約及長期進（銷）貨合約。又期貨契約已有期貨或交易法規範，雖商品意義上屬於衍生性商品，但規範上不在本文討論範圍。

多樣化之選擇，使得衍生性商品交易逐漸熱絡。但因衍生性商品操作專業性、市場易變動性、與損益高槓桿性，導致交易風險相對增加，影響交易安全甚鉅。因此，不論主管機關制定「他律性風險控管」規範，及衍生性商品業務人或其他從事該交易主體之內部「自律性風險控管」規範，均有迫切認識之必要。近來衍生性商品交易管理更被納入為公司治理（Coporate Governance）原則之重要部分，可見亟需高層次監控機制，不能予以輕忽。

自民國八十四年起，主管機關開放銀行從事衍生性商品業務，對銀行及市場參與者訂定規範。迄近年主管機關加快腳步，開放證券商從事衍生性商品，從轉換公司債資產交換及其選擇權、利率衍生性商品（利率交換、遠期交易、選擇權）、信用違約交換、結構型商品（保本型商品、股權連結型商品）、債券衍性商品（選擇權、遠期交易），亦同時公佈若干業務與管理規範供依循。不過衍生性商品法源有「過渡性」立法軌跡，商品特殊性又影響其法律定位，應非前揭規定可簡單概述，恐需由證券交易法及其衍生子法等整體規範方能一窺全貌。

證券商操作衍生性商品風險類型與其他商品一樣，範圍概略可區分為市場風險、信用風險、作業風險、法律風險，以上除市場風險較難掌握以外，其他部分則非無預防空間；其中法律風險之預防，法令明文規範外，ISDA 合

約占有亟重要之地位。許多業界先進均明瞭操作衍生性商品與 ISDA 相關合約有相當密切之關係,但什麼是 ISDA ? 詳細內容 ? ISDA 與衍生性商品有何關係 ? 個別商品如何適用 ? 主導證券商衍生性商品中最重要之 ISDA 法律文件,ISDA 合約基本架構及法律關係,其中梗概則有詳加探求之必要。

本書涵蓋三大架構包含法源、ISDA 合約法律實務、及個別衍生性商品法律操作,逐步闡述證券商衍生性商品法律實務。筆者目前於證券商執掌衍生性商品法務風險控管,藉本書希望衍生性商品市場相關參與者,能對於證券商衍生性商品基本法務架構及操作便於理解,進而增進法律風險控管之認識。方法上擬以衍生性商品法源說明為基底[2],劃出他律性風險控管範圍;再以 ISDA 合約架構為視角,配合部分個別商品細節,進而勾勒出目前證券商衍生性商品之法律實務主要輪廓;最後導出自律性風險控管之重要性及未來應注意之面向。參考文獻背景方面,包含有關衍生性商品及其風險控管書籍、相關案例及判決、ISDA 網站及其公佈之相關文件、另含個人從事衍生商品與主管機關、交易對手、相關實務經驗。其實上述仍嫌不

---

[2] 本書行將付梓之際,今年二月底櫃檯買賣中心再公佈「證券商營業處所經營衍生性金融商品交易業務規則」,並廢止部分法規。為維持本文架構之完整性,僅就部分較重要之內容作補充,至於新舊法規條文重新編排,則附錄於后供讀者對照。

足，本書誠希拋磚引玉，藉由目前衍生性商品法務控管說明、分析並提具淺見及建議供先進參酌，以便於業界有此需求或興趣者基本之認識或進一步研究。

Legal Basis for Derivatives Operations

第二章

證券商從事衍生性商品之法源

第二章　證券商從事衍生性商品之法源

　　證券商有關操作衍生性商品法源主要可劃分為兩個領域：直接法源與間接法源。直接法源係指從事該業務法律基礎，來自法律明文規定，又可區分為業務法源與管理法源，間接法源則指非直接與證券商相關但需注意之重要規範。

(一) 業務法源

　　業務法源係指得從事衍生性商品交易之法律依據，各不同金融機構有不同之業務法源[1]。

　　證券商從事衍生性商品交易已有一段時間，法律依據似乎理所當然。實則近年實務上筆者經常被詢及一個看似多餘之問題：「證券交易法裡面好像並沒有衍生性商品一詞，衍生性商品是否有法源依據？」頗令人疑惑。因證券交易法主管機關向來對證券商業務採取核准制，亦即不得從事非經主管機關核准業務行為，否則違法[2]。

---

[1]　銀行端業務法源主要為「銀行辦理衍生性金融商品應注意事項」、「銀行辦理衍生性金融商品業務之規定說明」、「銀行辦理連結存款與衍生性金融商品之結構型商品應遵守事項」、「國際金融業務分行辦理外幣衍生性商品之申請程序」。如前揭注意事項第十條規定如銀行　a.如最近一季逾放比放款比率高於 3%、b.本國銀行自有資本與風險性資產比率低於銀行法規定標準、c.備抵呆帳提列不足者，衍生性商品交易以避險為限。

[2]　證券交易法第四十五條：「證券商依第十六條之規定，分別依其種類經營證券業務，不得經營其本身以外之業務。但經主管機關核准者，得兼營他種證券業

　　緣證券商從事衍生性商品之初，證券交易法並無任何
「衍生性商品」字眼，究竟如何判定證券商從事衍生性商
品之法源？依證券交易法第十五條規定，證券商經營證券
業務，僅有經紀、自營及承銷，望文生義似與衍生性商品
似無直接關係。在九十四年二月立法修正前脈絡上，證券
商開始從事衍生性商品並非直接以新業務為開展，而係以
自營業務為法源依據，又自營業務包含可轉債資產交換、
利率衍生性商品、結構型商品、債券選擇權等，其依據為
「證券商營業處所買賣有價證券業務規則」第三十九條，
該業務規則又依據證券商營業處所買賣有價證券管理辦
法第七條之規定，管理辦法又依據證交法第六十二條第二
項之規定，以上法規範環環相扣，遂可循跡確立法律基礎[3]
（參閱圖一 A，證券商衍生性商品業務法源）。

---

[3]　務或其他有關業務。」前揭第十六條係指承銷、自營、經紀三種基本業務而言。
證券交易法第六十二條：「證券經紀商或證券自營商，在其營業處所受託或自
行買賣有價證券者，非經主管機關核准不得為之。前項買賣之管理辦法，由主
管機關定之。

◎九十四年二月二十八日修正前法源脈絡

證券交易法第六十二條第二項

　　證券經紀商或證券自營商，在其營業處所受託或自行買賣有價證券者，非經主管機關核准不得為之。前項買賣之管理辦法，由主管機關定之。

證券商營業處所買賣有價證券管理辦法

第一條　　本辦法依證券交易法第六十二條第二項之規定訂定之。

第七條　　證券櫃檯買賣中心應就下列事項訂定證券商營業處所買賣有價證券業務規則，報請本會核定之：

證券商營業處所買賣有價證券業務規則

第一條　　本規則依證券商營業處所買賣有價證券管理辦法第七條之規定訂定之。

第三十九條第一項

　　證券商營業處所買賣之有價證券及經管機關核准之衍生性金融商品，其情形特殊，不宜依本規則所定方式買賣時，其交易方法由本中心另行訂定，報請主管機關核定後公告實施。

新台幣利率衍生性商品交易業務作業要點

證券商從事轉換公司債資產交換暨結構型商品交易作業要點

證券商營業處所債券衍生性商品交易細則

均依證券商營業處所買賣有價證券業務規則第三十九條定之

圖一A　證券商衍生性商品業務法源

其後雖然於九十年六月二十一日修訂證券交易法施行細則第九條第一項第二款擴大對於有價證券營業行為直接有關之業務人員，包含在證券自營商為辦理衍生性金融商品風險管理或操作之人員，證券法規中終於出現「衍生性商品」一詞，然與業務法源仍無關。又九十一年二月六日增訂證券交易法第三十六條之一規定公開發行公司衍生性商品交易處理，不過該條僅為公開發行公司一般適用，亦非證券商業務法源[4]。

這種模糊情形一直到了九十二年三月三日修正「證券商營業處所買賣有價證券業務規則」第三十九條第一項：「證券商營業處所買賣之有價證券及經主管機關核准之衍生性金融商品，其情形特殊，不宜依本規則所定方式買賣時，其交易方法由本中心另行訂定，報請主管機關核定後公告實施。」總算釐清證券商從事衍生性商品「妾身未明」地位。九十二年十二月三十一日俟公佈證券商管理規則修訂，使依據更加明確化。新增證券商管理規則第十九條之三第一項規定：「證券商得於其營業處所經營衍生性金融商品交易業務，並應依證券櫃檯買賣中心之規定辦理。」同條第二項更規定：「前項所稱衍生性金融商品交

---

[4] 證券交易法第三十六條之一：「公開發行公司取得或處分資產、從事衍生性商品交易、資金貸與他人、為他人背書或提供保證及揭露財務預測資訊等重大財務業務行為，其適用範圍、作業程序、應公告、申報及其他應遵行事項之處理準則，由主管機關定之。」

易，包括轉換公司債資產交換、結構型商品、新臺幣利率衍生性商品及債券遠期交易。」(債券遠期交易於九十三年八月改隸於債券衍生性商品範圍之一種)自此明文確立衍生性商品交易法源依據。

　　承前所述我們得知證券商衍生性商品操作之主要業務法源為證交法第六十二條第二項，這同時表示證券商要從事衍生性商品操作之前提為取得自營業務之執照，制度上不能單獨分離(此點法規設計上其實可考慮)。然而即便取得自營執照後，並不表示證券商取得當然得從事所有衍生性商品，仍需就特定衍生性商品業務取得核准。因此證券商需就該商品項主管機關(櫃檯買賣中心)提出營運計劃書，內容大致應包含產品說明、作業程序、詳細風險管理(作業、市場、法律等)、會計與財務處理，必要時向主管機關報告、修正、受審查以至通過取得該證照為止，目前同一業務經審查通過後資格持續有效，不必逐年申請[5]，至為便利。

　　然而九十四年二月二十三日櫃檯買賣中心公佈「證券商營業處所經營衍生性金融商品交易業務規則」(下稱業務規則)，整併散佈法規，並作部分修正。其中法源變更

---

[5]　台財證二字第 0930000005 號行政函釋：「證券商發行認購(售)權證及從事新臺幣利率衍生性商品、轉換公司債資產交換、結構型商品、債券遠期交易與其他經本會核准之衍生性金融商品交易，均應符合一定資格條件。證券商符合一定資格條件，經審查通過後，即可從事前開金融商品之發行或交易，其資格持續有效，無須逐年申請。」

原以自行買賣有價證券法源依據，直接援引證券商管理規則第十九條之三為法律基礎，而該規則又來自證券交易法第四十四條第四項，故整體現行法源架構大幅改變（如圖一Ｂ）。

◎九十四年二月二十八日修正後法源脈絡

證券交易法

第四十四條　　第四項證券商設置標準及管理規則，由主管機關定之。

證券商管理規則

第一條　　本規則依證券交易法（以下簡稱本法）第四十四條第四項之規定訂定之。

第十九條之三　　證券商得於其營業處所經營衍生性金融商品交易業務，並應依證券櫃檯買賣中心之規定辦理。
前項所稱衍生性金融商品交易，包括轉換公司債資產交換、結構型商品、新臺幣利率衍生性商品及債券衍生性商品交易。

證券商營業處所買賣有價證券業務規則營業處所經營衍生性金融商品交易業務規則

第一條　　本規則依證券商管理規則第十九條之三規定訂定之。

圖一　B　證券商衍生性商品業務法源

　　立法上之改變，除法規整合外，筆者認為另有兩點須注意者：1.衍生性商品業務有獨立於自營業務之取向。事實上衍生性商品與傳統自營概念大相逕庭，雖有關係但並非完全不可區分；而證券商實務上部門亦有以「新金融商品」稱之者，且參與人數增加中，實在無法以一般自營概念涵蓋。衍生性商品蓬勃發展，未來可能帶來制度性調整。2.衍生性商品法源有可能未來連帶影響證券交易法之修正。證券商管理規則性質上應屬於「管理法源」（可詳參見下文說明），亦即所規範者應指涉「業務之管理」，而不涉及「業務之創設」，如為業務之創設似應規範於證券交易法為妥。修正前衍生性商品尚可解釋為證券交易法定之自營業務，修正後以行政命令位階創設證券商業務，是否妥當頗值深究。

　　新法輔公佈，適用似仍有若干不清楚之處。例如關於衍生性商品交易對象之限制，新法業務規則，第三十五條對衍生性商品交易對象有如下限制：

　　「證券商不得與具有下列關係者從事衍生性金融商品交易：

　　一、證券商之董事、監察人、經理人或直接或間接持有其股份總額百分之十以上之股東。

　　二、第一款身分者之配偶、未成年子女及利用他人名義持有者。

　　三、前二款身分者直接或間接持有股份總額百分之十
　　　以上之轉投資公司。」

　　第一個問題是所謂間接持有深度及廣度定義為何,計算上甚為複雜且不易確認。而本條意在建立防火牆,避免利益衝突交易。立法歷史分析上必須特別注意:業務規則修訂之前,新台幣利率交換舊法對於交易對象之限制係規定:「證券商不得與其董事、監察人、經理人或直接或間接持有其股份總額百分之十以上之股東,或其直接或間接持有股份總額百分之十以上之轉投資公司進行新台幣利率交換。」;而資產交換及結構型商品舊法規定:「證券商不得與本公司或連結股票發行公司之董事、監察人、經理人或直接或間接持有其股份總額百分之十以上之股東、前述身分者之配偶、未成年子女及利用他人名義持有者,或其直接或間接持有股份總額百分之十以上之轉投資公司從事轉換公司債資產交換或結構型商品交易。」

　　亦即,舊法主要限制證券商直接或間接持有百分之十以上公司從事上列衍生性商品交易,而新法業務規則對於「證券商本身持有部分」並未規定,又似未附法規說明。對照銀行端之「銀行辦理衍生性金融商品應注意事項」第二十一條規定,「銀行不得與本行或連結股票發行公司之董事、監察人、經理人或直接或間接持有其股份總額百分之十以上之股東、前述身分者之配偶、未

成年子女及利用他人名義持有者，或本行直接或間接持
有股份總額百分之十以上之轉投資公司從事台股結構型
商品交易。」可能形成同一商品，同一法規目的，立法
內容卻不一致之「奇怪現象」。

　　管見以為新法如非立法開放，則極可能為立法疏漏；
亦即立法原意欲將資產交換及結構型商品條文明確化，重
新編排後文義解釋卻指向其他意義。淺見以為依法律「舉
輕以明重原則」，證券商既不得與董監經理人等交易，更
應不得與其直接或間接持有部分超過百分之十之轉投資
公司交易。

　　又因應結構型商品業務之證券商管理規則十九條之
四第一項規定：「證券商經營結構型商品交易業務而有連
結外幣金融商品者，應經中央銀行許可。」其後新法於業
務規則第十二條規定：「證券商經營衍生性金融商品交易
業務而有連結外幣金融商品者，應經中央銀行許可。」九
十四年五月金管會 0940001934 號函，修正證券商管理規
則第十九之四第一項為：證券商經營衍生性商品交易業
務，而有涉及外匯業務者，應經中央銀行許可。」如涉及
中央銀行業務之行為，當然須經中央銀行許可，問題是何
謂「連結外幣金融商品」？何謂「涉及外匯業務者」？具
體適用上頗有困難[6]。

---

[6]　同法業務規則第二十條規定，新台幣利率交換係「指證券商與交易相對人約

　　另外一個值得研究之商品性質之問題為：衍生性商品是否屬於有價證券？此除單純法律分析外，尚影響課稅基準[7]。按證券交易法第二條規定：「有價證券之募集、發行、買賣、其管理、監督依本法之規定；本法未規定者，適用公司法及其他有關法律規定」，足證證券交易法規範之物的客體原則上為「有價證券」。再觀諸證券交易法規定第六條第一項規定，本法所稱有價證券，謂政府債券、公司股票、公司債券及經財政部核定之其他有價證券。」顯而易見，如非屬有價證券理論上不屬於證券交易法規範之範圍，除非另經主管機關核定。例如權證交易（Warrant），眾所皆知其商品內容含選擇權（Option）成分，投資人得與履約期間選擇執行與否；單由此商品性質概念上亦可認為其屬於衍生性商品，后經由行政函釋而被核定為有價證券，其募集發行即受證券交易法規範[8]，依前揭所述之法規範分類亦非屬衍生性商品。

　　相較權證情形，衍生性商品並未被「核定」；嚴格而言，衍生性商品舉如結構型商品（Structured Note）、選

定，依其交易條件及利率指標，於未來特定周期就不同計息方式之現金收付定期結算差價之契約。」，故交易條件所示之浮動或固定利率，依前揭定義指涉「利率指標」；此單純作為計算依據之利率指標，筆者認為與同規則第十二條所謂「外幣金融商品」有間。

[7]　近年主管機關擬研將結構性商課以證券稅而非所得稅，此舉將減低投資成本，刺激該商品市場。不過財政部仍有意見，此關鍵點在於結更形商品是否屬「證券交易」認定為題。參閱工商時報，九十四年三月七日。

[8]　（86）台財證（五）字第 03245 號行政函釋。

擇權（Option）、交換（Swap），並非實體證券或無實體發行證券，似非一般所稱「有價證券之範圍」，如果非屬有價證券，為何衍生性商品及從事該商品相關人員等受證券交易法規範？值得觀察者，九十三年三月修正之買賣有價證券業務規則用語為「證券商營業處所買賣之有價證券及經主管機關核准之衍生性金融商品」，似將有價證券及衍生性商品兩者並列嚴予區分，耐人尋味的是，該規則於九十四年二月二十三日再修正為原條文，如非為避免立法上誤認，即是已具積極將衍生性商品認定為有價證券之傾向。

　　衍生性商品基本上為「契約形式」（Contract Base）[9]，交易對手透過契約之簽訂，確認雙方權利義務而依約履行，一般咸認之證券書面性、可轉讓性、公開性或發行、募集概念上頗有差距。有論者提出投資契約是否屬於有價證券表示意見，頗值參考[10]。儘管衍生性商品法源「事實上」為證券交易法，然而筆者淺認不當然可以倒果為因，即認為因衍生性商品受證券交易法規範故屬於有價證券，毋寧解釋為證券交易法所規範者不限於有價證券，或者將衍生性商品視為有價證券，此點可以看出法

---

[9]　開戶概念較契約簽訂為廣，基本上「開戶」包含「契約簽訂」及「其他必要程序」，多半來自法律規定。至於因衍生係商品交易自行設計開戶文件並無不可。

[10]　參閱劉連煜著，《新證券交易法實例研習》民國九十三年二版，元照出版公司，頁四十二至四十八。又可參閱陳春山著《證券交易法論》，五南圖書出版股份有限公司，九十二年六版，頁二十三至二十六。

規為配合環境變化之延伸，在解釋衍生性商品是否為有價證券，可能需要更詳細之檢驗，以作立法上更妥適之安排。

綜上，雖然證券交易法前並無對於衍生性商品作「明文」規定，但證券商從事衍生性商品之事實上法律依據確為證券交易法。目前國內係將衍生性商品業務定位為自營業務，此可由前揭立法結構上可見一斑。這種奇特之架構其來有自，個人以為證券交易法法律位階為「法律」，如修訂該法或另訂他法需經三讀程序通過，以目前法案牛毛堆陳情形，緩不濟急，無法符合市場急迫需求。透過迂迴方式，選擇適當法源依據及修訂行政命令，衍生性商品得以順利推動，立法上不失彈性，主管機關之促進衍生性商品交易發展美意，深值讚許[11]。

(二) 管理法源

管理法源係指從事衍生性商品之交易管理規範，目的為風險控管，避免損失。

管理法源除業務法源已有規定外，其他有關衍生性商品規範散見於各相關法規，筆者摘要整理如下：

1. 公司法與證券商公司治理實務守則

證券交易法第二條後段規定：「本法未規定者，適用

---

[11]　當然此可能涉及是否牴觸行政法法律保留及檢驗等問題，不過筆者認為尚符合。

公司法及其他法律之規定。」由上可見證券交易法對於公司法之特別關係，及公司法對於證券交易法之補充關係。而公司法與證券交易法構成證券商衍生性商品管理法源兩大基本支柱，其衍生之規範建構衍生性商品管理法源各層框架。衍生性商品之出現及其風險性，意味一方面公司管理者對於衍生性商品需建立一定認識（如資本適足率之影響），另方面針對衍生性商品操內部應訂定相關規則。而公司法適用上仍不失其重要性，基本上公司意思決策及執行機關為董事會，有關決策機制及內部分層授權，仍以公司法為基本權源作判斷。

因應公司治理，主管機關更於民國九十二年一月二十九日進一步公佈「證券商公司治理守則」：有關衍生性商品相關規範臚列如下：

(1)從事衍生性金融商品交易應依相關法令規定並訂定相關作業程序，提報股東會通過（第十二條）。

(2)董事會整體應具備之能力應包含衍生性金融商品專業知識（第二十條）

(3)至少一名獨立董事應具備衍生性金融商品專業知識（第二十五條、二十八條）

(4)優先設計險風險管理審計委員會審核處理衍生性金融商品交易（第二十八條）

(5)董事會就衍生性金融商品交易討論應充分考量獨立董事意見，並將該意見列入紀錄。（第三十四條）

2. 公開發行公司從事衍生性商品交易財務報告應行揭露事項注意要點

此要點公佈於民國八十五年一月二十九日，為公開發行公司從事衍生性商品交易之財務處理主臬。其中包含：

(1) 衍生性商品相關定義包含衍生係商品本身、交易目的區分[12]、信用風險、市場風險、面值、合約金額、名目本金等。

(2) 應行揭露事項包含一般性及特別揭露事項[13]。

3. 公開發行公司建立內部控制制度處理準則

(1) 內部控制制度應涵蓋所有營業活動包含衍生性商品（第七條）

(2) 從事衍生性商品交易需列入年度稽核計劃進行稽核（第十三條）

(3) 對于公司經營管理包含衍生性商品之監理（第三十九條）

---

[12] 該條全文：「衍生性商品交易之揭露，區分為以交易為目的（Trading purposes）及非以交易目的（Purposes other than trading）。以交易為目的，係指持有或發行衍生性商品目的在賺取商品交易差價者，包括自營及以公平價值衡量並認列當期損益之其他交易活動。非以交易為目的，則指因前述以外目的而從事交易活動者。」非交易目的一般稱之避險交易（hedge trade），此種區分實務上相當重要，甚至作為業務之有無判斷基準。

[13] 一般揭露指基本交易資料方面，特別揭露當期損益、交易背景、目的等不屬於基本交易資料等。

4.公開發行公司取得或處分資產處理準則[14]

(1)應建立處理程序並納入交易原則方針、風險管理措施、內部稽核、定期評估及異常處理（第十八條）

(2)風險管理措施包含各類風險管理、交易與確認人員不得兼任、適當權責分配等（第十九條）

(3)董事會應適當指定人員監督管理並定期評估。（第二十條）

(4)應建立書面紀錄並定期稽核。（第二十一條）

(5)衍生性商品交易損失達一定金額應申報為資訊公開（第三十條）

5.證券商財務報告編製準則

　　證券商財務報告就資產負債表之資產科目分類及其帳項內涵與應加註明衍生性金融商品資產、負債、利益、損失及明細，並依規定評價。（第十四至二十條）

6.證券商內部控制制度標準規範

　　內容為轉換公司債資產交換及結構席商品之作業程序及控制重點，主要包含：

---

[14] 民國八十五年四月二十日公佈之「公開發行公司從事衍生性商品交易處理要點」為銀行外從事衍生性商品之法源依據，不過券商就個別業務仍需經主管機關特別核准，故直到開放後方有適用餘地。民國九十一年十二月十日公佈之「公開發行公司取得或處分資產處理準則」，取代上開要點及「原公開發行公司取得或處分資產處理要點」，

訂定從事衍生性商品交易處理程序及處理程序需包含內容

(1)風險預告書交交易相對人

(2)從事轉換公司債資產交換需簽訂 ISDA 合約

(3)評估交易相對人信用

(4)授權書交換及必要之函證

(5)交易申報義務（輸入櫃檯買賣中心交易系統）

(6)專戶設立

(7)定期報表編制

(8)其他應符合法令之規定

綜合以上法規，可清楚歸納以下兩點：

第一、衍生性商品交易決策程序制定與層級提昇。公開發行公司需訂定處分產處理程序，經董事會通過，送各監察人提報股東會同意，該處理程序載明各衍生商品操作內容、機制運作及方針[15]。如此對內使公司業務執行機關、監督機關、最高意思決定機關均能知悉公司進行衍生性商品操作，或對其表示意見；對外交易對手得以確認該公司進行衍生性商品交易之合法性。決策機制引進衍生性商品專業之獨立董事或風險管理委員會，並適當強化其權限，更能優化公司衍生性商品交易品質，積極面有助公司最初最佳決策或消極面作風險預防控管。

---

[15] 「公開發行公司取得處分或處分資產處理準則」第六條。

43

　　第二、衍生性商品交易規範義務逐漸加重。從事衍生
性商品之公開發行公司應就從事交易之財務狀況揭露，使
資訊透明公開，避免公司業務執行者或交易者不當或違法
操作，或不實而隱藏。一方面保護投資市場之投資人，另
方面股東得依財務報告時時注意了解公司操作衍生性商
品之實際情形。鑒於上市櫃公司頻傳操作衍生性金融商品
失利，甚至產生重大虧損，主管機關對於衍生性商品交易
財務檢查亦日益重視；金管會檢查局就指示檢查人員，最
近金檢金融機構時，須列入查核重點特別注意，並對檢查
人員進行衍生性金融商品查核課程訓練。更要求檢查人
員，最近對金融機構進行例行性金融檢查時，要特別注意
這項業務辦理情況[16]。證券商立於精主管機關核准之業務
人地位，義務更較一般從事衍生性商品者加重，故要求其
訂明更嚴密詳明之交易處理程序，以健全內稽內控並受主
管機關監督。

(三) 間接法源

　　整個衍生性商品法源範疇，業務法源與管理法源外，
此處所謂間接法源並非指前揭如證券交易法以外之公司
法或民法之補充關係；而係著重於交易對手之法源。所謂

---

[16] 緣近來有多家上市櫃公司，因操作外幣選擇權等衍生性金融商品產生匯兌損
　　失，甚至引發財務危機，引起財金單位的高度重視，除中央銀行走訪幾家交易
　　量大的銀行外，金管會檢查局最近也緊盯銀行承作衍生性金融商品業務情況。
　　參見民國九十四年一月十八日經濟日報。

間接法源需認識理由為，即便證券商本身取得衍生性商品操作資格，仍有可能發生交易對手不得為該交易，或不得與特定交易對手為交易之情形。筆者於實務上常常由業務端出現一個問題？「我們想和你們做生意，但是不知道我們可不可以作？」所以對於交易對手是否得承作需特別注意。理論上交易對手是否得承作該交易應由自身確定，不過為免交易無效或形成無權代理情形，即有必要對交易對手之情形進行了解。

正如證券商從事衍生性商品之法源一般，不同金融機構有不同之業務法源，如銀行之主要業務法源為「銀行辦理衍生性金融商品注意事項」、「銀行辦理衍生性金融商品業務之規定說明」[17]；票券公司為「票券金融公司從事衍生性金融商品交易管理辦法」、保險業為「保險業從事衍生性商品交易處理自律規範」、投信為「共同信託基金管理辦法」及其募集發行計劃書。另外境外之華僑或外國人與證券商從事衍生係商品交易，其法源為「華僑及外國人投資管理辦法」，當然除上述法規以外，尚有許多為特定目的之行政函釋作補充。如保險業從事衍生性商品交易，需符合一定之避險目的[18]、共同信託基金信託財產之

---

[17] 另有「國際金融業務分行辦理外幣衍生性金融商品業務之申請程序」及「銀行辦理連結存款與衍生性金融商品之結構型商品應遵守事項」等。又有時銀行法規用語與證券商不見得完全一致，如可轉換公司資產交換（CB Asset Swap），其稱為「新台幣利率交換與國內以新台幣計價轉換公司債贖回權組合之業務」。

[18] 「保險業從事衍生性商品交易處理自律規範」第一至二條。

運用需以經財政部核准之募集發行計劃書辦理；投資信託關係人從事與基金相同衍生性商品之限制[19]、境外法人從事衍生性商品僅限於避險目的從事新台幣利率衍生性商品交易與轉換公司資產交換選擇權業務[20]。

間接法源之確立亦屬於自律性風險控管之一部，基本上與徵信並行，實際作業而言，依合約或風控之要求，實務上會要求客戶提供下列文件（參考）：

1. 營利事業登記證影本
2. 公司執照影本
3. 公司章程
4. 公司變更登記表
5. 董事會議記錄
6. 公司負責人身分證影本
7. 交易被授權人及有權人授權簽章之被授權人之身分證影本
8. 從事衍生性商品交易處理程序
9. 近三個年度及最近一季之財務報表
10. 風險預告書

---

[19] 「共同信託基金管理辦法」第二十二條、「證券投資信託事業管理規則」第三十七條。
[20] 「華僑及外國人投資管理辦法」第四條、台財證八字第 0930002188 號、92 證櫃債字第 04865 號行政函釋。

其中對於董事會議事紀錄、從事衍生性商品處理程序、交易授權書及確認授權書、及從事衍生性商品交易處理程序[21]、屬於間接法源確認範圍。此舉在確認兩件事情：第一，確認其從事衍生性商品之法律能力、商業行為能力及信用能力，第二、確認其內部是否完備授權。除了因應變動之法規先做初步確認外，尚需進一步審查其授權完整性及連貫性及授權範圍，如許多交易對手就其衍生性商品交易限定於「利率衍生性商品」，亦即，其他商品不在內部允許之範圍；如中台交易人員忽略此點，而進行未經授權之交易，恐怕亦有罹於無效之可能，管理上不可不慎。

(四) 法規範密度與自律性風險控管

探討法源形式意義在於行為之規範上正當性及有效性，實質意義為風險控管。證券商業同業公會更於九十二年八月成立風險管理委員會，於鼓勵衍生性商品發展同時，亦一再宣導風險管理重要性，並提供相關案例希望同業引以為誡[22]。

---

[21] 目前法規規定公開發行公司需制定衍生性商品交易處理程序，如非公開發行公司則非強制規定，基於風險控管，非開發行公司由於財報並未揭露，危險性反而高，更需謹慎。

[22] 該委員會同年十二月舉辦風險控管研討會，並同時出版《證券商風險管理實務手冊》，文中舉辦許多疏於風險控管導致龐大損失案例；如加州橘郡案、百富勤案等，頗值參考警惕。

　　筆者依業務法規範密度、商品性質、交易型態、操作熟悉度，劃出證券商相關業務之風險光譜，而此所謂風險涵攝操作風險及法律風險（如圖二，證券商相關業務風險光譜）。

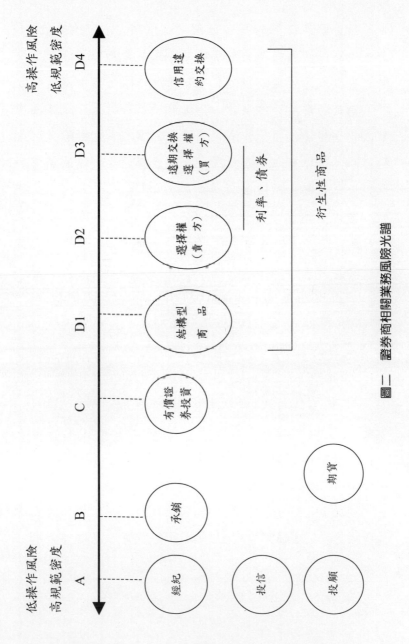

圖二　證券商相關業務風險光譜

　　證券商業務簡別為 A 經紀、B 承銷、C 證券投資、D 衍生性商品四大區塊。光譜越左側象徵規範密度越高，反之越右側表示規範密度越低，法規對於行之有年傳統經紀與承銷業務規範巨細靡遺，甚為詳明有節；而經紀業務主要以收手續費為主，承銷因涉及包銷業務，故風險又較經紀為高。自營有價證券投資部分（含權證），攸關避險操作與投資盈虧，風險光譜落於稍右側[23]。

　　吾人雖似難以窺知立法者對衍生係商品規範密度態度，但密度較傳統業務為低卻是不爭事實。衍生性商品業務亦屬自營業務，規範密度較低光譜上個別採以下呈現：

　　D1 結構型商品（Structured Product, PGN and ELN）

　　D2　選擇權賣方交易（Option Seller-Bond Option, Interest Rate Swap Option）

　　D3 遠期（Forwards- Bond Option, Interest Rate）、交換（Swap-Convertible Bond Asset Swap, Interest Rate Swap）、選擇權（Option Seller-Bond Option, Interest Rate Swap Option）

　　D4 信用違約交換（Credit Default Swap）

　　關於 D1 部分，結構型商品儘管更可從商品結構細分買賣權方向，然細察其商品設計及交易型態係由交易對手

---

[23]　本文圖示另列投信、投顧及期貨做參考。投信投顧以收取佣金為主、期貨則有較大市場風險。

先付款，且因法令規定需為一定之避險操作，故排於衍生性商品風險光譜最左側。關於 D2 部分，選擇權賣方交易指證券商擔任選擇權賣方情形，此時證券商先收取權利金（Premium），再依契約約定權利義務履行，風險亦低。關於 D3 部分，迥異於選擇權賣方，倘證券商擔任選擇權買方，則需先付權利金，其他如遠期交易、交換，雙方依約定於未來一定期日進行交易或交換，契約雖有效成立，卻需承受交易對手違約風險（Default Risk）。最後為信用違約交換，屬於較複雜陌生之商品，光譜置於最右側。

　　以上風險光譜一方面可清晰看見證券商由傳統業務，拓展至衍生性商品之進程；另方面同時隱含兩種他律性及自律性風險控管主要類型，反映證券商應強化對自律性風險控管之重視。他律性風險控管來自成文規範，法規中通常含有風險控管目的，包含前揭業務、管理及其他法源，主管機關可以透過業務門檻（資本適足率、業務保證金等）、組織及設置規定、人員資格、財務揭露、查核權、處分權等達成目的。自律性風險控管則泛指成文規範外之內部風控作為。規範密度越高之業務（如經紀），操作風險較低，證券商可依法按圖索驥，關鍵在於法令遵守與執行（此時稽核角色不可或缺）[24]，並非法規範之有無或補充。

---

[24] 以經紀業務為例，多半是遵守問題。法規明訂不得代客操作、為客戶代墊款項等，雖內部重複多次進行法規教育訓練，營業員仍不免發生違法情事。

　　相對在規範密度較低範圍，或法律未規定，或法律僅為綱要或政策性規定，證券商無法完全由法規範明瞭所有細節，此等風險缺口尤須藉由自律性風險控管予以彌補。筆者認為自律性風險控管需由決策機制、作業機制及監督機制完備化著手，範圍泛及如公司章程制定、組織規劃、相關操作程序制定及制度化、部門間分權合作及勾稽（如法務、稽核及業務單位）、商品知識之提昇、合約架構安排、適當人員選定、危機判斷及處理、規範認識遵守及執行等。唯有愈完備自律性風險控管與徹底執行，才能將風險減至最低。而本書以下將所討論 ISDA 合約及各衍生性商品法律操作，即屬於自律性風險控管之重要一環。

ISDA Agreement Legal Practice

第三章

ISDA 合約法律實務

第三章　ISDA 合約法律實務

(一) ISDA 簡介

　　何謂 ISDA？實務上常稱呼 ISDA 表示合約，而所謂「簽定 ISDA」係指「簽定 ISDA 合約」（ISDA Agreement）。ISDA 實際上為一機構名稱，英文全名為「International Swap Derivatives Association」，可譯參為「國際交換衍生商品性協會」（大陸譯為國際棹期，本文以下仍通以 ISDA 稱之），該協會於一九八五年成立，總部位於美國紐約並在美國華盛頓、歐洲倫敦、日本東京、亞太新加坡設有分部。

　　ISDA 肇始於「衍生性商品交易擴增」及「契約簡化及完備性」。緣金融商品陸續創新，市場規模不斷擴大，交易頻繁，交易條件固然重要，其他法律風險亦應相對重視。如可藉由初步定型化之合約條款，不僅顧及契約之完備性，同時簡化後交易對手僅需其後依交易條件磋商進行交易，省卻逐一簽訂龐大契約文件流程。為落實前揭目的，由數衍生性商品造市者（Market Maker，主要為銀行）組成該組織。ISDA 任務及宗旨主要如下：

　　推廣衍生性商品業務活動，研擬及修正調整衍生性商品法律文件。

　　與其會員及從事衍生性商品人員研究改善以發展衍生性商品風險管理。

　　舉行有關衍生性商品研討會議，並更進一步於各方面共同合作，促進相互利益。

　　提高市場人士及投資人對衍生性商品之認識，增加衍生性商品有效率之運用。

　　而 ISDA 主要活動更可具體類型為規範與立法事務（Regulatory and Legislative Affairs）、風險管理（Risk Management）、法律文件管理（Documentation）、結算（Netting）、會計揭露與稅務（Accounting, Disclosure and Tax）、市場運作諮詢服務（Market Practice Advisory Service）、市場監理（Market Survey）、會議及研討會（Conference and Seminars）。目前該協會會員數迄今已超過六百，涵蓋主要國際金融機構，已為全球性組織；其所制定之相關文件、交易定義及市場規則蔚然為國際衍生性商品市場基本圭臬，而 ISDA 仍不斷從事新商品研究、風險控管、並不定期於世界各地舉辦研討會或說明會，可謂衍生性商品研究最重要組織之一[1]。

---

[1]　ISDA 於二〇〇二年曾於臺灣舉辦兩場關於 ISDA 合約及信用擔保文件之研討會。關於詳細 ISDA 相關資訊，有興趣者可逕上網 http//www.isda.com，本文茲不詳述，又台新銀行於二〇〇二年十二月申請加入，成為目前唯一加入成為會員之本國金融機構，參閱台新電子報二〇〇三年五月版。

(二) ISDA 合約風險預防功能

　　認識 ISDA 合約，須先由其風險預防之功能瞭解，其亦屬於自律性風險控管之一環，在 ISDA 合約尤然。ISDA 合約可簡單比喻為衍生性商品則為一般之法律規則，而 ISDA 為該規則之創立及協調中心。法律規則確認後，當事人減少誤判的空間，雙方交易得以受到保障，由此可見 ISDA 合約具有一般契約之法律風險預防功能。又因 ISDA 合約內容涉及交易、法律等多重面向，除一般法律風險控管外，尚有作業風險、作業風險、交易對手信用風險防杜之功能。茲分述如下：

1. 預防法律未規範或規範不明確之風險

　　就台灣市場而言，衍生性商品交易近年來方趨熱絡，主管機關需順應潮流及市場需求壓力，但本身對於該商品及市場規則並非完全熟悉，加上市場雖有需求但需求不確定且環境不完全成熟，此時立法技術對主管機關形成極大之挑戰。有鑑於此，立法上主管機關似採取折衷方式，不對所有交易方式或內容完全干涉，而僅訂定基本規範，其餘留予當事人自行磋商或市場規則方式完成。如此一方面尊重當事人自主原則及國際交易慣例，另方面可待市場出現一定規律後，再視情形公佈適當法令，為較彈性之作法。以上可由前揭法源一章可佐證，主管機關更依據個別商品建立高低有別之規範密度。

　　然而強制性法規範外當事人自主之空間,同時卻形成法律風險缺口,易導致爭議,對當事人就可能發生解釋或適用爰引問題。如當事人自行處理能力有限,反而造成困擾。ISDA 合約為衍生性商品一般法律規則,對主管機關規範具補充性質,可有效填補並解決法律未規範或規範不明缺口,使當事人基本權利義務明確,於法律規範外有適用之依據,俾保護當事人權益。

2.預防契約疏漏之風險

　　即便當事人明瞭應就法規範不明或未規範部分作約定,但究竟要約定些什麼?應考量因素與約定範圍為何?尤其於交易實務上,業務本體並非法務,交易人員及相關業務人員其所側重者僅為交易條件及獲利,卻經常忽略法律面應有之基礎架構與完備性;即便其意識到法律嚴謹之要求,又礙於缺乏法律專業以致無從著手或著手困難。面臨高風險之衍生性商品操作,ISDA 合約包含所有衍生性商品交易基本法律必備架構、及個別交易條款、交易流程,信用文件、計算代理、保證金等約定,顯現合約之妥適與完備,提供磋商基本方向及內容,可有效預防契約疏漏,並節省勞費。

3.預防當事人真意不明之風險

　　依法契約口頭上合意即成立,並不以書面為必要條

件[2]，但欠缺白紙黑字書面協議下，相互間真意亦易產生爭執，舉證困難。舉例以言，衍生性品個別交易究竟何時才算成立生效？實務上即發生，對衍生性商品較生疏之交易對手，有法務或行銷人員要求以書面為準之情形。當事人自主原則下，當事人亦可合意以書面為準，不過可能對交易實務產生困擾。因一般衍生性商品交易實務，主要以口頭為主，交易員（Trader）以電話進行，這是由於市場變動速度相當快，部位持有計算及轉換往往於瞬間完成，此時需要交易員衡量各種因素後，迅速完成交易條件磋商，交易即成立生效。倘其中交易對手要求每一交易均以書面為之才具法律效力，流程繁雜且有悖時效性。至於交易實務所謂初步確認書（Preliminary Confirmation），係用於確認交易，而最後交易確認書（Final Confirmation），為交易成立後其中一方（通常為報價方）於交易後發出，類似股票的對帳單，可為交易證明，但與交易是否成立無關。

當然就最嚴格風險控管而言，並非不能由當事人自行協議以書面為交易成立要件，只是風險控管要求同時宜考量業務進行及業務利益。如以書面傳真簽署之方式風險控管上更為嚴密，卻可能因此失卻交易完成之時機，且交易員必須時時區分那些交易對手應以書面或以口頭為準，管

---

[2]　例如我國民法第一百五十三條規定：「當事人互相表示意思一致者，無論其為明示或默示，契約即成立」

理不易(誰應負責管理此特殊狀況?交易員是否知悉?可能發生交易員以為以電話為準,結果他方認為以書面為準)而孳生瑕疵。

所以當事人真意並不是理所當然,交易習慣也並非全部放諸四海皆準,尤其國內衍生性商品操作並非全然通悉順暢,整個操作環節及相關人員之專業有待提昇。當事人一旦有真意不明之可能時,契約即有先予明確化以確認真意之必要。準此以言,當事人就包含交易效力之發生,及各項條款進行磋商擬定,簽訂書面契約後,方能避免日後無謂之爭執,此亦為 ISDA 合約功能之一。

4.其他風險預防

ISDA 合約既為契約形式,法律風險預防無庸置疑。而除此功能外,其尚有間接作業風險預防及信用風險預防之功能。因 ISDA 合約載明交易對手相互義務包含應給付之文件、交易程序等,經由 ISDA 合約之磋商,顯現出雙方對衍生性商品交易操作之熟稔度,相關操作人員將逐漸重視其風險並增進對其操作了解,愈加謹慎。尤其對不諳於衍生性商品操作交易對手,與其盲目簽約,不如於交易前提出相關問題充分討論,令較具經驗之交易對手者協助灌輸其操作知識及風險認知較妥;此比一般簽署風險預告書(Risk Disclosure)能達到更佳效果。另 ISDA 合約簽定時通常要求交易對手出具相關文件,如聲明書、公司

證明文件、董事會議事錄、衍生性商品交易程序、授權
及確認人員、財務報表等,於交付文件及審查之過程中
以可側面衡量交易對手之信用,減低違約及作業風險。
有效交易期間中依 ISDA 合約得要求交易對手提出商開
資料,隨時作債信評估為風險控管。

(三) ISDA 合約基本架構及內容

為便於理解,ISDA 合約架構如圖三(Basic SDA
Agreement Structure),圖中三角形代表 ISDA 合約整體
結構,分別由主約(Master Agreement)、附約(Schedule)、
交易確認書(Confirmation)三大要素所組成,依序由下
而上從巨細靡遺一般條款(General)至特定交易條件
(Specific)。該三角形類似法律位階,故越高層代表法
律效力越高,能優先適用。交易確認書部分尚涉及 ISDA
定義(ISDA Definition)適用,但效力低於交易確認書;
作為交易擔保之信用擔保文件(Credit Support Annex)則
效力次於附約而與交易確認書平行,茲分節詳述如下:

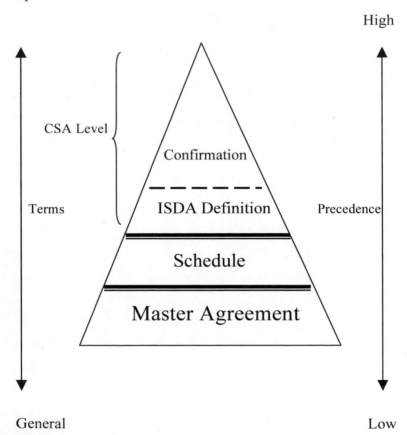

Specific

High

CSA Level

Confirmation

Terms

ISDA Definition

Precedence

Schedule

Master Agreement

General

Low

圖三　ISDA Agreement Basic Structure

1. ISDA 單一合約性質

　　ISDA 合約架構上採取單一合約（Single Agreement）形式。整份 ISDA 合約基本上由三個部分所構成，包含主約（Master Agreement, MA）、附約（Schedule to the Master Agreement, Schedule）及交易確認書（Confirmation，或有稱成交確認書）。以上三者構成「單一合約」[3]，一旦因違約或終止事由（Default or Termination Events）提前終止契約時，終止契約係終止整個合約，並作後續結算。因為衍生性商品風險過高，首重交易對手之信用，如交易對手違約，並無繼續與其為其他交易之必要，而終止事由多屬不可歸責，亦需賦予當事人終止權以完結交易。

　　主約、附約及交易確認書三者內容互異，主約主要為所有交易可適用之基本條款；附約具「補充性質」，補充主約之不足及增加若干特約條款；交易確認書係單純載明個別交易之交易條件（terms and conditions of individual transaction）。如此層階設計下，主約篇幅較長，附約次之，迄交易確認書僅餘金融商品專業名詞（如執行價、履約價、名目本金等）、詳細交易條件及若干與 ISDA 之法律關係及適用 ISDA 法律文字而已。如雙方已簽定主約附約、則可用於援引以適用所有衍生性商品交易，當事人毋庸再簽定 ISDA 主約及附約，僅依交

---

[3]　1992 ISDA Master Agreement Section 1（c）.

易確認書進行操作即可,管理上較為便利[4]。法律效力上,如同前述圖三之位階觀念,愈上層越高,故附約優於主約,交易確認書又優於附約。

2.主附約與交易確認書

(1)主約(Master Agreement)

目前實務上 ISDA 合約軸以 ISDA 所公佈之一九九二年版者為藍本,主約可大別為一般條款及終止條款,內容堪為嚴謹完整。茲簡要分述如下:

a.一般條款(General Clauses, Section 1-4, 7-14)

一般條款涵蓋所有一般合約應考慮之層面,包含基本解釋(Interpretation,含合約架構、效力及適用順序、義務(Obligation,含一般及特別付款義務、結算方式、稅務合意)、聲明(Representation,含能力、權限、遵守法律、正確稅務及資訊)、附隨義務(Agreement,含交付所需資料、遵守法律原則、取得必要之允許及核准、稅務變更通知)、非轉讓原則(Transfer)、指定貨幣原則與例外(Contractual Currency)、雜項條款(Miscellaneous)、營業處與多主體(Office;

---

[4] 簽訂 ISDA 合約後並不表示所有有關衍生性商品交易當然適用 ISDA 合約,故當事人如協議適用 ISDA 合約,交易確認書必須載明清楚,否則嚴格而言並無適用餘地。又個別商品仍有差異及不同需求,如貨幣選擇權(Currency Option)有較特殊條款,如磋商當時未簽定,仍可以增訂附約處理,但基本上不宜於規定交易確認書,否則交易確認書將過於龐大,理由詳後述。

Multibranch）、無益費用之避免（Expense）、通知與通知生效時期（Notification）、準據法及管轄法院（Governing Law and Jurisdiction）、定義（Definition）。

b.提前終止條款（Early termination Clauses, Section 5-6）

提前終止事由區分為違約事由及終止事由（Default Event and Termination Event）。違約事由包含怠於給付（Failure to Pay or Deliver）、違反合約義務（Breach of Agreement）、信用擔保違約（Credit Support Default）、聲明不實（Misrepresentatlon）、特定交易違約（Default under Specified Transaction）、交互違約（Cross Default）、破產（Bamkruptcy）、未繼受合併（Merger Without Assumption）等。終止事由包含不適法（Illegality）、因主管機關之稅賦變更（Tax Event）、因合併之稅賦變更（Tax Event Upon Merger）及當事人約定之其他事由（Additional Termination Event，通常約定於附約）。當兩事由競合，即終止事由發生同時構成違約事由時，僅視為終止事由而不更成為約事由[5]。

另亦就兩種終止事由，分別載明提前終止後之處理方式及後續義務，包含終止日之指定、計算代理人之結

---

[5]　1992 ISDA Master Agreement Section 5（c）.

算、終止後之計算方式（市場報價法及損失法）[6]、付款日、終止事由之避免與協議避免等。終止條款賦予當事人得提前終止合約之權利，並就終止程序、計算及權利義務關係提供依據。

(2)附約與交易確認書（Schedule and Confirmation）

附約作用在於補充主約未載明、修改主約，或新增部分。目前多數大略包含特定關係人（Specific Entity）、信用擔保提供人（Credit Support Provider）、計算代理人（Calculation Agent）、結算方法（Netting）、提前終止計算方法（Method for Early termination）、稅務聲明（Tax representation）、文件交付（Documents Delivery）、門檻數額（Threshold Amount）、其他提前終止事由（Other Termination Events）、交易及付款主體（Office and Multi-branch）、準據法及管轄法院（Governing Law and Jurisdiction）、抵銷（Set-off）、寄存款項（Payment Date）、特定交易條款（Specified Transaction Clause）。交易確認書用以補充修正附約，內容主要為交易條件，前已述及。以上條款當事人得因個別需求進行磋商。

由 ISDA 合約之架構及內容，吾人可清楚看出 ISDA 合約之完整性及 ISDA 建構 ISDA 合約作為衍生性商品通

---

[6] 當事人得就市場報價法及損失法（Market Quation & Loss）、第一方法及第二方法（First Method & Second Method ）於附約中各擇一約定。市場報價法與損失法之差別在於以交割款及應付款差額或損失為準，後者較嚴苛；第一及第二方法差別，在於計算後負值應否給付違約方，依第一方法毋庸給付故較嚴苛。See ibid, Section 6（d）(i).

用法律規範之意圖。而 ISDA 合約之簽訂相關定義之適用亦為我國司法實務所肯認[7]。

3. 信用擔保文件（Credit Support Document）

　　ISDA 附約中有所謂信用擔保文件（Credit Support Documents），實務上通常這個部分十之八九均以「不適用」（Not Applicable）載明；隨著衍生性商品交易量攀升受到重視，以及風險控管強化之要求，信用擔保制度逐漸扮演重要之角色而有越來越被廣泛運用之趨勢。所謂信用擔保文件，係指當事人基於 ISDA 合約進行衍生性商品交易所提供之擔保，而因此所簽署之文件稱之信用擔保文件。緣衍生性商品有所謂之即時損失（Mark-to-market Loss, MTM Loss），計算代理人得隨失就交易部位進行評價，如交易對手所存部位為負值，表示其部位處於損失狀態。儘管交易未到期屬未實現損失（Unrealized Loss），卻隱藏損失方不履約風險可能性增加，而許多從事衍生性商品者均採「背對背」

---

[7] 附約或交易確認書有時有定義（Definition）適用條款，意即有關交易適用 ISDA 公佈之相關交易定義，當事人亦需遵守。參八十八年重訴字第四十三號判決，其判決理由中載明「……。然查，外幣選擇權交易因涉及外國貨幣，國際市場乃發展出幾種國際間選擇權交易之制度、慣例、標準，並經歐美地區之公會、團體依該等制度、慣例標準訂立制式契約，用以規範國際間之外幣選擇權交易，ICOM（International Currency Options Market Master Agreement）協議及原告所舉之 ISDA 協議均係目前國際通用之制度。本件原告既與被告合意選擇 ICOM 合意之標準進行係爭選擇權交易，則 ICOM 協議及其準則即成為係爭外幣選擇權條款之一部份。縱認前開選擇權交易契約書之合意 ICOM 協議條款，為定型化條款，然原告既未具體舉證證明該條款有何違反誠信原則或顯失公平之事由，尚難以適用結果對其不利，即認其得不受拘束。……」

（Back-to-back）方式移轉部位，如處理不慎屆期將有無法
預期之損害。倘損失持續增加，將觸及損失方之交易對手認
定之可承受風險範圍之臨界點，以致該交易對手不願意繼續
進行其他的交易。因此，令即時損失到達一定之額度時，損
失方之他方得據信用擔保文件，以作為屆時損失時他方得
抵充或處分取償或為其他請求。ISDA 合約架構中存在三
種信用擔保類型設計：即時損失條款（MTM Clause）、
第三人信用擔保（Credit Support Provider）、信用擔保附
件（Credit Support Annex）。

第一種類型，即時損失條款規定於附約，又可稱保證金
條款（Call Margin Clause），內容為交易對手其中一方會給
予他方停損上限（Loss Limit），如每日評價之損失逾越停
損上限，則該受評價方需依要求提出等值之現金擔保[8]。

其他兩種類型則屬於於附約以外之信用擔保文件。其中
第三人信用擔保望文生義，即第三人就其中交易對手之衍生
性商品交易提出人或物上擔保，該第三人稱之為信用擔保提
供人，如第三人（負責人、母公司或關係企業）出具保證書
（Guarantee Letter）。

第三種類型信用擔保附件為 ISDA 一九九五年所公佈
信用擔保附件（Credit Support Annex, CSA），有英國法

---

[8] 市場上筆者曾遇過有業者提議採取交易確認書中載明得於交易期間因風險控
管任意終止之方式。不過此方式有高度不可預測之風險，難以接受。

（English Law）、紐約法（New York Law）及日本法（Japanese Law）三種版本。以英國法版本為例，內容主要包含幾個部分：移轉與返還義務（Obligation of Delivery and Return ）、移轉計算與交換（Transfer, Calculation and Exchange）、評價爭議處理（ Dispute Resolution for calculation and Valuation）、標的所有權移轉與非擔保利益（Transfer of Title and No Security Interest ）、孳息處理（Distributions and Interest Amount）、違約處理（Default）、雜項條款及定義（Miscellaneous and Definition）。日本法版本最主要係為牽涉日圓交易之適用，市場上常用者為英國法與紐約法版。

英國法與美國法兩版之最大之差異為英國法係將擔保品所有權移轉（Title Transfer）[9]，依 CSA 規定計算出應移轉數額（Delivery Amount）後，負移轉義務之移轉人（Transferor）應將適格擔保品（Eligible Collateral）所有權移轉至被移轉人（Transferee），故實際上移轉人名義上喪失所有權（類似民法上信託擔保）；如未實現損失如經變動而降低，移轉人並得依計算後之應返還數額（Return Amount）請求返還，反之則需再增加擔保品移轉。而紐約法版中另引入保管機構（Custodian Agent）機制，提供擔保人即移轉人將擔保品轉入保管機構，並不作所有權移轉（Non Title Transfer）；不過事實上依該版本被移轉人對於擔保物有充分之擔保行使

---

[9] See 1995 Credit Support Annex （English Law） Para. 5

權[10]，且有時被移轉人尚指定特定保管機構，對於移轉人未
必有利。實務上信用評等較高之一方通常要求僅為被移轉人
而不接受為移轉人，而兩版本及內容如何取捨，通常依交
易對手信用及實際磋商情形而定，交易上需特別注意。

　　CSA 法律架構上如圖四（Credit Support Annex under
ISDA Agreement Structure）：

---

[10]　See 1995 Credit Support Annex （New York Law） Para. 6 （c）.

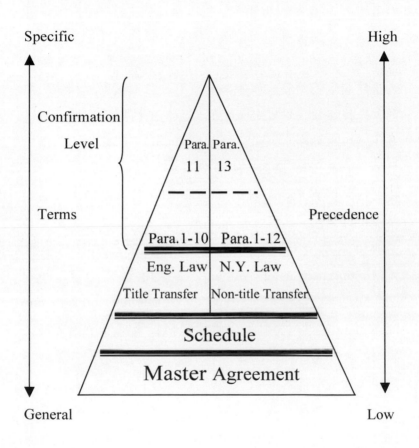

圖四　Credit Support Annex under ISDA Agreement Structure

文件設計上 CSA 屬於 ISDA 附約之一部份，CSA 效力優於附約（不過基本上兩者並無衝突之處）；又 CSA 本身亦視為一份交易確認書，故法律效果與交易確認書同級。而 CSA「最後條款」效力大於「固定條款」[11]。CSA 當事人選定版本簽約後，如有其他合意，並不更動原條文，而於「最後條款」作規定，類似 ISDA 主約與附約關係。以英國法版本為例，「固定條款」為 ISDA 所擬定，英國法版為 Para. 1-10，原則上不更動；最後條款則是 Para.11；美國法版則為 Para. 1-12 及 Para. 13。當事人仍得視個別情形用以增刪、調整或補充固定條款。最後條款需決定包括獨立金額（Independent Amount）、最小移轉金額（Minimum Transfer Amount）、門檻數額（Threshold Amount[12]）、適格擔保品及其比例（Eligible Collateral and Percentage）等作為計算移轉擔保數額之基礎。以上為必須條款，當事人得就內容作詳細約定或為其他約定（如信用評等變動時各約定數額之調整）。

多年實務操作後，信用擔保文件在二○○一年出現整合性變化，即二○○一年 ISDA 出版之擔保條款（2001 ISDA Margin Provisions），很顯然該文件係彙整之前一九九五年出版之擔保文件，並作重新編排。縱觀全條款共區

---

[11]　See 1995 Credit Support Annex （English Law） Premble nd Para. 1

[12]　附約門檻數額與此處不同，前者用於計算交互違約之基準，後者則用於計算即時損失是否應移轉擔保品。

分為五個部分：第一部份：操作條款（ Operation Provisions）、第二部分：擔保利益紐約法之選定（Elective Provisions-Security Interest Approach New York Law）、第三部份：所有權移轉英國法之選定 Elective Provisions-Title Transfer Approach English Law）、第四部分：其他選款（Elective Provisions、第五部分定義（Definition）。第一部份為一般權利義務及擔保程序運作條款，再由當事人雙方選定第二部分或第三部份作為適用之擔保方式，如交易涉及日圓部分，因應日本法之特殊性，並可選擇第四部分條款為適用[13]。由於當時二〇〇二年主約版本並未公佈，故設計上基本係適用一九九二年主約版本[14]，但當事人合意適用並無不可，而筆者所接觸交易實務仍以直接擇定版本進行簽訂一九九五年英國法居多（牽涉保管機構較複雜）。

　　各信用擔保文件適用上，當事人簽訂 CSA 或選擇適用二〇〇一年信用擔保條款後，通常附約所載即時損失條款將同時刪除，因不再需要，故基本上兩者不併存。第三人信用擔保與 CSA 或即時損失條款理論上可並存（實務似未見），是否需要，視交易對手信用狀況及需求而定。

---

[13]　如該選項內有將「移轉」（Transfer）視為授信（「Loan」）之部分，且此部份之準據法及管轄地原則上為日本法及日本。See 2001 ISDA Margin Provisions Section 4.1（a）(i), Section 4.1（d）

[14]　See 2001 ISDA Margin Provisions Section 5.25.

法律效果上，不論何類型如當事人或信用提供第三人違反義務（例如發生應移轉擔保事實，而未於指定時間提供足額擔保），則構成 ISDA 合約之違約事由（Event of Default），他方得據以終止合約。

(四) 法務控管實務

1. 簽定 ISDA 合約之必要性

精確來說，大多數人之問題應為是否應簽署 ISDA 主約或/及附約？這個問題源於 ISDA 主約連同附約相當龐大，且以英文作成，一般投資人甚至機構法人均難以迅速理解，以致於簽約時頗費時費力，困擾不已。關於此點可透過法律面及交易上自律性風險控管需求來思考。

先就法律面而言，如法律強制規定必需簽署，交易對手間並無法律裁量空間，不簽訂則不應交易；如仍為交易即屬違法交易，除可能影響交易契約效力，尚可能更招致主管機關之行政處分[15]，反而引發交易違法無效之法律風險。衡諸我國相關衍生性商品立法脈絡，自民國八十四年以來銀行從事衍生性商品交易陸續規定等，規定內容性質上大部分均屬於內部控制管理類型（經營策略、作業準則、風險管理措施訂定；避險目的與操作、法令遵循、人員管控）。而 ISDA 一詞第一次正式於法律條文出現，係

---

[15] 參閱「證券交易法」第六十六條，含警告、解除職務、停業、撤銷營業許可等。

因應證券商業務需要，主管機關於民國八十九年六月三日
公佈之「財團法人中華民國證券櫃檯買賣中心櫃檯買賣證
券商從事轉換公司債資產交換交易作業要點」第四條（現
為第十條），該條規定：「證券商與交易相對人從事轉換
公司債資產交換交易，應與交易相對人簽訂轉換公司債資
產交換契約，該契約之約定條款應以中文擬定，或以中英
對照臚列條款內容，以供交易相對人瞭解確認。上述契約
之未盡事宜，得由雙方約定準用 ISDA（International Swaps
and Derivatives Association,Inc.）總契約之相關規定。」

　　尋繹該條，「總契約」即為本文所稱 ISDA 之「主約」，
而所謂交換契約實應指通稱之「交易確認書」，並可得出
以下幾個規則：（1）資產交換交易不一定要簽訂 ISDA
合約；（2）交易確認書應以中文訂定；（3）得於交易契
約書約定準用 ISDA 總契約。適用規則上看似簡單其實問
題相當多，諸如如不簽訂 ISDA 合約時其他條款需如何處
理？所謂準用意旨為何？法規上僅規定準用「總約定
書」，ISDA 主約以外之附約等其他部分是否亦有適用？
立法是否有意排除？可見自律性風險控管空間雖大，實際
上卻有執行上疑慮。

　　嚴格而言，前揭關於資產交換法規並未強制交易者簽
訂 ISDA 合約，而係「得約定準用」，然觀諸實務仍以簽
訂 ISDA 合約為前提。而接踵而至之九十年十月十八日公

佈之證券商從事新台幣利率交換（Interest Rate Swap）業務，似有不同規定，當時第八條（現為第九條）明文規定：「證券商與客戶從事新台幣利率衍生性商品交易前，應先與客戶簽訂 ISDA（International Swaps and Derivatives Association, Inc.）總契約（Master Agreement），並就後續之交易之約定事宜簽訂個別之交易附約及確認書。上述交易附約及確認書應以中文擬定，或以英中對照臚列條款內容，以供客戶確認該次交易之相關交易條件。[16]」此時意味者證券商從事利率交換，以簽訂 ISDA 主約（總契約）為法定必要條件，且範圍及於附約與確認書，吻合交易實務。

以上兩者些許差異，讓人不禁思考同樣是「交換」（Swap），是否因其他因素而影響他律性風險控管規範之深淺。正常及共通情形除外[17]，轉換公司債資產交換先經由買賣斷完成，證券商轉讓標的證券取得資金及選擇權（Option of Call on CB），證券商最大風險在於執行選擇權（Option Exercise）時，交易對手不履行交割義務之違約；這種情況在標的證券無異常時出現機率甚低，如標的證券異常反而符合證券商轉移風險之交易目的。相較於利率交換，缺乏資產交換之特定、市場利率波動因素，其背後之避險與重置成本損失可能性似較大。

---

[16] 「財團法人中華民國證券櫃檯買賣中心櫃檯買賣證券商經營新台幣利率衍生性商品交易業務作業要點」第九條。
[17] 個別情形詳閱個別衍生性商品一章。共同情形如交易對手破產、信用不良等。

　　關於 ISDA 適用條文，利率交換於九十二年四月二十八日，資產交換於九十二年七月一日，分別在其後作法規調整為:「應先與交易相對人簽訂 ISDA（International Swaps and Derivatives Association, Inc.）總契約（Master Agreement）及附約（Schedule），並就後續之交易之約定事宜簽訂個別之交易確認書。上述交易附約及確認書應以中文擬定，或以英中對照臚列條款內容，但證券商之交易相對人如為金融機構、華僑及外國人者，得採英文為之。」

　　然而其後九十三年八月三日公佈之債券衍生性部分商品卻僅為僅簡單規定:「證券商與客戶初次承作債券衍生性商品交易時，應與客戶簽訂「債券衍生性商品交易總契約」 或 ISDA（International Swaps and Derivatives Association Inc.）總契約（Master Agreement）[18]。」並未揭露附約、交易確認書及區別交易主體之文件適用。

　　回溯分析法規演進，立法者實際上似未區分資產交換及利率交換之風險程度，解釋上筆者認為係資產交換立法時對 ISDA 合約尚未完全了解，迨其後較了解 ISDA 合約之運用，此為合理之過渡性立法進程。又「ISDA 總契約」應就立法意旨為探求為「ISDA 合約」，而不拘泥於狹隘文義解釋。對債券衍生性商品之立法差異，筆者傾向採類

---

[18] 財團法人中華民國證券櫃檯買賣中心證券商營業處所債券衍生性商品交易細則第五條。

推適用而為同一解釋。且 ISDA 合約證券商與交易對手僅
簽訂一份 ISDA 合約，各衍生性商品得以爰用，不可能有
不同適用結果。綜合現行法規，因此可初步得出以下清楚
結論：

(1)資產交換及利率交換交易前應簽訂 ISDA 合約。

(2)債券衍生性商品交易不一定要簽 ISDA 合約。（此
部份於下章詳述）

(3)ISDA 合約之主約可以英文版本作成。

(4)ISDA 附約及交易確認書得以中文或中英臚列，不
得僅以英文作成。

(5)特定交易對手得僅以英文作成 ISDA 附約及交易
確認書。

以上因立法不一，致分別適用規則情形，於九十四年二
月二十三日公佈之「證券商營業處所經營衍生性金融商品交
易業務規則」所統一。前揭規則第十條第一項規定：「證券
商與交易相對人從事衍生性金融商品交易時，除本規則另有
規定外，應與交易相對人簽訂 ISDA（International Swaps and
Derivatives Association, Inc.）總契約（Master Agreement）及
附約，並就後續之交易之約定事宜簽訂個別之交易確認書。
上述附約及確認書應以中文擬定，或以英中對照臚列條款內
容，以供交易相對人確認該次交易之相關交易條件，但證券
商之交易相對人如為金融機構、華僑及外國人者，得採英文

為之。」第二項復規定「前項附約及確認書，應依各類交易之實務規範，載明其商品類型、標的物及其他有關利益計算之約定條件。」至此適用上更為明確。

　　如法律未規定，自前揭自律性風險控管與預防角度而言，似仍以簽定為必要，事實上 ISDA 合約之建立目的在於「契約簡化及完備性」而非增加負擔。況且，如果不簽訂 ISDA 主約或附約，是否必須將所有一般及提前終止條款載於交易確認書上？如此一來，為濃縮並加入主附約內容，交易確認書將擴增為非常大一份，合約撰擬技術上反而更加困難且不便，法務人員將就個別交易逐一審閱，且操作中、後台人員每次都要耗費心力處理龐大之交易確認書，不利分工管理[19]。

　　另對照交易實務面，交易通常均以電話合意即成立（附約中尤應約定清楚），電話中僅有交易條件而已，以波動頻繁之市場，交易員不可再就契約之一般條款（如準據法管轄權等）電話中逐一進行磋商。又 ISDA 合約現為國際衍生性商品通用之合約，簽約及程序等實務應依循國際慣用之方式，並應使相關人員熟悉 ISDA 合約內容與操作，以期作跨國性之接軌及溝通為當。

---

[19]　九十一年開放之資產交換選擇權買權交易（Call On CB）及結構型商品（Structured Note）雖亦屬於衍生性商品，因自然人投資人投資額度較小，且相關交易風險較於掌握，並不簽訂 ISDA 合約。不過仍由當事人間先簽定總約定書，再以附款或交易契約進行修改或補充；此整體架構與 ISDA 主附約意義相同，其他詳本書第四章。

2. ISDA 合約版本適用

目前交易實務大部以 ISDA 一九九二年主約英文版本進行簽署，依筆者所知市場上並無主約之中文版本[20]；而 ISDA 附約有三種形式，英文版、中文版、中英文版。因各交易主體相繼投入衍生性商品市場，各參與者或有委託法律事務所進行擬稿情形，又因 ISDA 附約並非有標準版本，故版本眾多係正常現象，顯示參予者對此類合約之重視。大略分析三種版本，英文版之優點為與主約文字吻合，缺點為不易讓客戶接受，中文版恰巧相反，故中英文版並列最為適中。依現行法規適用可能產生主約為英文版，附約及交易確認書為中文版之現象。

而部分銀行磋商時有提出所謂「金融交易總約定書」，做法上仍將證券商當成「一般客戶」而非交易對手，證券商法規上定位為為衍生係商品之業務人，且依法需簽訂 ISDA 合約，此做法因與法令規定內容不符，且條款單向過於嚴苛，證券商無法採用該版本。體察銀行立場，以上可能對銀行內部作業造成困擾，經溝通後銀行大多已能接受以證券商為公允之交易對手，以 ISDA 合約進行磋商。且審約實務上，部分銀行所提供之文件似乎將「授信」與「衍生性商品交易」一併處理，就證券商角度而言，筆

---

[20] 筆者曾嘗試自行翻譯，但僅供自行參考研究用。又 ISDA 網站上有大陸簡體字版可供下載參考，不過其備註處已說明僅供參考之用，仍以英文版為準。同註27。

者淺認兩者應予區分，管理及分工較清楚便利。部分僅透過財務部簽約之作法，企業主體容易有不測之風險。

　　附約之另一個問題為是否可以標準化？前於二〇〇二年間有證券商先進召開會議，延請櫃買中心長官及相關證券商業務及法務人員討論本問題，希望提出就附約與CSA。筆者於會議中表示目前實益不大，短期間可行性不高。其理由進一步分述如下：

(1)附約架構上係接近定型，留待空間予當事人磋商，部分人士對 ISDA 合約認知上似有誤解。許多人看過許多類似版本，遂認為好像 ISDA 附約「大同小異」，事實上，就條款本身，許多條款在不同版本中均會出現，就此角度而言，附約形式上「幾近統一」，但內容不見得一致；正如車子基本構造包含許多組件引擎、方向盤、車燈……等，但不同車子所選擇組件不見得相同。這時候需要當事人就各組件一一議定。以附約之「抵銷條款」（Set-off Clause）為例，同樣的抵銷，抵銷時點、抵銷範圍、抵銷方式等均有差異，對當事人間權利義務均有影響。

(2)ISDA 合約熟悉度不足。就筆者所知，國內研究 ISDA 合約者有限，而公司法務及業務人員對於該合約知識似仍待精進（含筆者）。不論業務或法務人員，認識 ISDA 合約不應單純集中附約本身，而

應就主約、交易確認書等整體,配合交易實務與商品特性及業務人員寶貴意見併與觀察,方能得到較正確之認識。

(3)主管機關態度不明。就證券商而言,考量衍生性商品複雜性及自由經濟、資源、主管機關對於相關管理採取「市場導向」而非「規範導向」,亦即因應市場趨勢,訂定最基本之遊戲規則,其他部分則由業界依交易習慣、自行進行磋商合意,如未來已形成若干既定規則,則再予已明文化[21]。此種情形反映業界之需求與主管機關開放業務之決心,一方面給予業者彈性自我管理之空間,另方面為規範不足情形另闢解決途徑[22]。可惜該會議進行中並無取得主管機關希望附約統一化之訊息,莫衷一是;主管機關似乎將此認定為「自律性風險控管」範圍,而「樂觀其成」處於協助地位。總如前述,以附約性質、從業人員認知、主管機關態度、交易環境等,附約目前統一之可能性並不高;似也缺乏必要性。

　　為因應十年來主約一九九二年版實務運用情形,參以各方意見,ISDA 主約二〇〇二年版於二〇〇三年一月出

---

[21] 此種模式可以興櫃股票買賣為例,關於「代理下單總契約」「授權書」則由業界先協擬一版本,其後再主管機關公佈。

[22] 筆者九十一年十月曾赴新加坡參與 ISDA 研討會,與相關業者討論時,其中新加坡業者提及實務上並無所謂「定版」,而係依 ISDA「參考定版」進行磋商。

爐。除此以外，會員間尚可以議定書（Protocol）之形式完成條款之合意，以修正或補充 ISDA 二〇〇二年版主約，所謂二〇〇二年 ISDA 議定書（2002 ISDA Protocol）即提供此功能。當事人間因已簽署或將簽署 ISDA 二〇〇二年版主約，得選擇適用此議定書（基此定義一九九二年版者不適用），議定書附件一至十八（Annex 1 to 18）列舉包含 ISDA 二〇〇二年前出版之所有定義及信用擔保文件（Definition & Credit Support Document），當事人間可透過議定書同意適用附件所有定義及信用擔保文件[23]。議定書不能用於磋商(without negotiation)，程序上為以 ISDA 為代理人，當事人得於通知 ISDA 表示受拘束方（Adhering Party）後，如其後任一方通知 ISDA 表示受拘束，則當事人有關議定書條款將於 ISDA 就後通知收受日發生效力[24]。

　　另一個值得注意之課題為新舊版如何適用？ISDA 提供許多解決方法，包含簽訂主附約修正版（Amendment）等[25]。惟是否需立即適用二〇〇二年版，筆者淺見認需視更改內容、便利性而定。根據筆者所知，二〇〇二年版主要之差異在於 1、寬限期（Grace Period）縮短；2、增加不適法（法律不能）與不可抗力條款（Illegality and Force

---

[23]　ISDA 2002 Master Agreement Protocol, Preamble, Section 1.

[24]　Ibid, Section 2.議定書合意期限為二〇〇三年三月一日，但 ISDA 得延長至最遲不得超過二〇〇三年六月一日。

[25]　同註 27，可於網站上免費取得。

Majeure，如美國九一一事件恐怖攻擊）為終止事由；3、
提前終止契約結算方式略作調整（主要以第二方法及損失
法為主[26]）。前揭第一種情形寬限期發生情形尚少且當事
人可議定，是否縮短容有討論空間；第二種情形目前附約
均已載明；第三種情形可於附約中明確約定[27]。執行面而
言，終於磋商（有時來往時程超過一年）完成之 ISDA 合
約，交易者是否花時間就新版合約進行徹底了解，是否同
意該變更條款？是否全部交易對手有意願重新進行可能
耗時之磋商？文件重新簽訂是否有相關條款無法預期之
風險？一九九二年版 ISDA 合約並不失法律之統整及周
延性，短期而言該版仍有適用價值，如交易對手有特殊需
求，建議可以修正附約（Amendment）方式處理；至於新
之交易對手，可考慮使用二○○二年版本簽署。

3.信用擔保之運用

即時損失條款設計在加強風險承受度，如受評價者提
出相當擔保（Collateral）後，不履約風險將降低，因此劃

---

[26] 相較於一九九二年版 ISDA 主約關於提前終止計算方式，其採取「結算金額」
（Close-out Amount），依其定義係提前終止時結算金額包含成本、損失甚至未
實現利益（the amount of losses, costs, or gains would be realized），計算當事人得
就報價、市場資料、資金墊付進行計算，但需遵守誠信及商業合理程序原則
Good faith and Commercial reasonable procedure）。基本上為原一九九二年版，
更明確之第二方法及損失法之適用。

[27] 關於二○○二年版差異，除就版本內文外,可參閱 Derivatives Update, The 2002
ISDA Master Agreement，Mayer Brown Row & MAW, www. mayerbrown.com。
Understanding the New ISDA Document – USDA 2002 Master Agreement,
International Swap and Derivatives Association, Inc.

出損失上限為評價方認為他方最大的損失範圍（風險承受度）。表面上信用擔保表面上看起來提出擔保者似較不利，不妨從另一個角度思考，這是一種擴大交易量之解決方式，一方面提出擔保者可藉由提出擔保方式繼續進行交易（未實現損失也可能到期轉虧為盈），另方面接受擔保者風險可同時取得最低限度之控管，互蒙其利。且對公司管理者而言，藉由交易對手之限額及通知，得受提醒並知悉掌握目前部位風險實況，以補充自身對操作及評價之不足。

首先為「即時損失條款」衍生之問題。（1）此類條款通常屬於信用落差過大之交易對手簽訂（營業人與客戶關係而非平等關係），信用較高交易對手得請求他方提具保證金，此類條款是否公允頗有疑義。（所以磋商結果往往由各自掌握籌碼或信用評等決定）（2）如交易之一方得為任意為交易限額或保證金之通知，對他方將產生不測之風險。（3）衍生性商品交易保證金運用規則我國法律上尚乏具文。「即時損失條款」可謂 ISDA 附約之帝王條款，理論上設有提出擔保要求方（通常為計算代理人及評價方）部論基於何理由將交易對手損失限額降為零時，他方將窮於提具未實現損失擔保。因並非公允條款，實際上此類交易對手接受度低，磋商時受質疑被要求調整或刪除。因恐影響客戶交易意願，所以一般業者有迂迴採取所謂「信用額度」（Credit Line）做法，就交易前評估交易

85

對手信用,綜合判斷本身及他方可承受之風險程度,再決定給予其交易額度(含名目本金)[28],如此一來,則可避免屆時即時損失發生是否動用即時損失條款中作抉擇。配合即時損失條款操作,如情況允許,尚可要求交易對手簽署一定金額本票以作進一步風險控管,不過建議需衡量業務需求、該對手信用狀況及執行可行性再決定。

依筆者與國內主要證券商間先進參擬 CSA 版本經驗,CSA 之優點在於規則明確,易於爰引適用以操作。缺點在於仍以英文版作成,且相關規則並非台灣市場所知悉,國內市場需時間了解及適應此操作程序及習慣。

CSA 另一個需克服之問題為法律不確定性[29]。理論上引入第三人保管機構似為較佳機制,過程卻繁複且有成本顧慮;如不引進保管機構,則移轉所有權(Title Transfer)之法律性質究竟為何?是否有我國民法違反物權法定主義[30]之虞?又證券商基本上按照主管機關指示「一個口令一個動作」,而衍生性商品保證金(Call Margin)制度及信用擔保文件(CSA),類似融券保證金及期貨保證金擔

---

[28] 有些金融機構給予交易對手之信用額度並非直指交易名目本金,故意義與本文有異。其係由給予之信用額度乘上「風險係數」算出可交易之名目本金。該「風險係數」屬於內部核定事項,而不載明於書面,故給予額度者因此保有相當之風控操作空間。

[29] 證券交易法中許多「超越」民法概念規定,如證券交易法第六十條「融券買進股票供擔保」之性質,證期局草案認為「是項擔保性質超出民法動產擔保規定之範圍,宜於本法增訂是項業務操作之法律依據」,而擬增訂第六十條之一

[30] 民法第七百五十七條:「物權,除本法或其他法律有規定外不得創設。」

保性質，法律未明文規定下，市場參與者可否依此或如何進行操作？頗有疑義。證券商或其他造市者之業務行為仍需主管機關支持，最好是有法律上之明確規範，而舉足輕重之主管機關對此並無表示意見，當事人對 CSA 簽訂自是思慮再三，猶豫不前。ISDA 二〇〇〇年擔保品年報即指出，儘管許多區域關於擔保品之運作已有相當改善，不過目前法律之不確定性（Legal uncertainty）仍為市場上所面臨之極大挑戰；而亞洲除日本外許多市場從業者認知有限甚至根本毫無概念[31]。

4.法務控管與衍生性商品團隊

ISDA 合約實務問題－待完備與效率化

(1)內部架構未完整

如交易主體係為個別進行衍生性商品避險或投資操作者，通常對於 ISDA 合約感到困擾，因其可能欠缺法務，或備法務但對該合約不熟悉，以致作決策者產生是否可能簽訂「喪權辱國」條款而不自知的憂慮，遲遲磋商牛步無法簽訂。如交易主體係以衍生性商品為常業或金融機構者，因有法律規定及主管機關之監督，故業務及部位風控人員尚無問題，然由於 ISDA 合約法律上非必強制簽

---

[31] 又 ISDA 二〇〇〇年擔保品年報中除法律不確定性外，另指出其他問題分別為基礎環境限制（Infrastructure limitation）、結算障礙（Netting）、認知不足（Lack of expertise/familiarity）、適格擔保範圍過狹（Narrowness of collateral eligibility）。See ISDA Collateral Survey 2000, pp.20, 21, 66.

訂，且法務於衍生性商品運作過程是否參與端視企業內部
權責配置，不啻直接影響法律風險高低及控管。建議的作
法為 ISDA 合約相關文件交由衍生性商品專業法務審閱
該約，而以經營衍生性商品為常業者，更應注重培養衍生
性商品法務人員，於處理流程及執掌，作內部適當分工以
提昇效率。

(2)缺乏互信與團隊合作

衍生性商品事務需要分工，然而 ISDA 合約究竟屬於
業務或法務單位處理？既曰衍生性商品法務」，不論概
念、性質及內容上當然包含「衍生性商品」及「法務」兩
者，缺一不可。一般咸認合約應由法務處理無疑，但對法
務而言，如果對商品本身及其交易流程不夠了解，恐無法
深入認識 ISDA 合約。相對於業務單位，法律文字對其有
時簡直為天方夜譚，唯恐避之而不及。

以下幾種情形為實務常見者，其中一種交易對手法務
與業務單位各自為政，質疑法務對衍生性商品交易專業
性或必要性，業務單位逕自處理，因而忽略法務之法律
專業與其他風險；甚至有提出增加一些與交易衝突之條
款或刪除一些必要條款，或意見表達不甚完整32。另一

---

32 很多人可能誤以為 ISDA 合約幾乎相同，並無特別需審查之處，事實上並非如
此。舉一般常見不可抗力條款（Force Majeure Clause）為例，參閱八十八年重
訴字第四十三號判決，該案原告個人與被告銀行進行外幣交易，因馬來西亞政
府管制外匯，被告公司於是以不可抗力為由進行平倉（liquidation），雙方就不
可抗力定義即發生爭執。而為免爭議，ISDA 二〇〇二年版即將附約常見之不

種情形為業務單位與法務單位，各自對於合約內容表示意見，最後不是互踢皮球就是權責不清，成為簽約主要障礙不自知，合約可能磋商一年後才簽訂。又如欠缺適當法務人員，難有磋商審酌著力點，僅有依交易對手其擬訂之版本簽訂。最後尚有以經營衍生性商品為常業者，面對簽約時客戶之質疑，因缺乏法務適時給予滿意回覆或解釋，以致失卻可能交易時機與利益。

(3)溝通不良與資訊不對稱

業務單位之認知當然為業務導向的，甚而將風險控管置於次要地位；法務則相反，基於職責，文件完備性與法律風險反而需列於優先考量。其實無形中之對抗應由兩專業領域合作所取代。上述常見之立場上矛盾，應加強內部協調以取得平衡，對外再一致爭取公司最大權益。業務單位與法務需著重三件事，其一為建立本身之專業性，其二對業務發展及風險考量有相當之溝通與共識，其三為職權應作適當區分。在 ISDA 協商過程中，亦曾發現交易對手內部業務與法務對同一問題對外意見不一，以致簽約一再延宕情形，此舉直接影響交易對手對其之評價。另外如業務人員為窗口，業務人員宜將交易對手目前情形及業務概況確實掌握告知法務，法務提具關於 ISDA 合約意見時應先與內部單位進行溝通，並具體說明，以免因資訊不對稱造成誤解。

可抗力條款加入為主約。

　　為解決衍生性商品風險控管與效率增進之問題，需要良好完備之衍生性商品操作團隊與分工，基本上角色包含業務、法務及部位風控，方稱完備。業務單位，包含由前台（Marketing）、中台（Trading）、到後台（Settlement）密切配合；法務包含前階段審約與事後查核與文件管理；部位風控較為複雜，為一連串之財務資訊工程與數學演算。

　　承前，衍生性商品團隊中，法務為自律性風險控管非常重要一環，而企業法務關於 ISDA 合約工作不外乎以下四點：合約審擬、文件建立與管理、磋商談判、危機處理與語言轉換、教育訓練。

　　第一、合約審擬。由於大部分業務人員並非熟稔法律，合約審擬為基本法務工作，範圍除 ISDA 主約、附約、尚包含各式各樣因應交易特性之交易確認書（詳下章），尤其應就公司內部考量及現行法規量身定作，並時時因應交易環境及法令作更新。為避免作業風險，法務應儘可能進一步協助修擬整個作業之文件及辦法，並在整個風險控管流程中作把關與勾稽，以防杜風險缺口[33]。

---

[33]　作業風險不無發生之可能，參閱八十七年簡上第三三八號判決。該案法商百利達銀行（後為巴黎銀行合併）與怡華股份有限公司（以下簡稱怡華），為從事外幣選擇權交易簽訂 ISDA 合約，怡華並因此簽訂一紙本票交予巴黎銀行，雙方其後有關確認本票債權不存載之爭議。其後法院認為董事會議事錄及 ISDA 合約偽造，進而否認所附麗本票之債權效力。

　　第二、磋商與談判。由於法務與業務專業性之區隔，一般實務上處理模式為業務人員取得交易對手磋商窗口，再分別轉回其法務表示意見，法務表示意見後轉回業務人員參考，再與交易對手磋商。此種模式的優點為，業務人員可內部先行溝通並可就法務意見作調整，缺點為許多業務或法務互無法務或商品認知，以致造成前揭溝通不良及資訊不對稱情形，延誤簽約及交易時機。如法務對該商品及交易型態具一定熟悉度，則可由法務就與交易對手直接進行磋商。實務上常見者為客戶有意承作衍生性商品，但面臨龐大 ISDA 合約，問題相當多；設法務可直接回覆該問題並解除客戶疑惑，一方面符合風險控管之要求，另方面有利合約迅速簽訂。

　　第三為危機處理與語言轉換，最常見者為當交易對手信用風險訊號出現時，提供明確法律意見甚至合約架構內之解決方案、通知交易對手保證金之時點、終止契約理由及合法性之確認、終止契約文件因個別案件之調整等。如進入法院爭訟程序，法官對於衍生係商品交易可能幾為「新鮮人」，法務尚需將交易語言轉換為訴訟上說明及主張，如依業務單位提出之評價模型（Valuation Model）就 ISDA 合約計算方法討論債務金額之核定等。

　　最後為教育訓練。業務與法務權責上應基本嚴予區分，但實質操作上並非得逕予切割涇渭分明，一般業務人

員認為 ISDA 合約事不關己,為法務工作,此種情形對企
業無疑是相當大的致命傷,長期累積可能導致無法預測之
損害。業務法務兩者關係密切,如持以適當的教育訓練,
將有效增進整體操作與雙方之認知。訓練其可區分為正式
與非正式,正式者則舉辦講座,邀請企業內外法務演講,
非正式方式則可透過日常法務與業務單位溝通交換意見
完成。藉由衍生性商品法務教育訓練,業務人員可增進對
ISDA 合約、法務角色、風險控管之重要性,不僅提昇人
員素質,業務與法務緊密結合成優良團隊。同時,從事衍
生性商品控管之法務本身需時時加強對商品之認識,方能
對 ISDA 合約認識更加透徹,以成為業務單位堅強後盾[34]。

---

[34] 筆者所處之寶來金融集團,擁有良好之訓練制度,值得借鏡。而業務人員忽視
法律風險可能導致公司巨大損失。例如美國吉普生公司(Gibson Greetings)與
信孚銀行(Bankers Trust)間自一九九一年十一月迄一九九四年三月間因衍生
性商品交易簽訂一系金融交易契約,一九九四年四月吉普生公司以虧損高達一
六點‧七百萬美元。證券管理委員會展開調查,認為吉普生公司故意低估虧損,
財務報表不實,不過其後錄音帶證明為信孚公司交易員故意低報損失,致信孚
銀行被控「誤導」(misadvised)及提供不實資訊(misinformed)。最後信孚銀
行同意以一千萬美元達成和解。參閱馮俊誠著,《國際交換交易商協會(ISDA)
主契約之介紹及個案研究》。私立中國文化大學碩士論文,民國八十七年六月
頁七至八,一〇五至一二三。

Diverse Derivatives Part

第四章

個別衍生性商品

第四章　個別衍生性商品

　　如僅觀察商品本身，對於規範理解恐怕以管窺天，無法透析其全貌及真意，故前二章先由認識法源及 ISDA 合約為衍生性商品操作規範基礎為開端，再進入本章個別敘述；而環於相關規範基礎下，個別衍生性商品細節部分仍有其特別需瞭解之處。證券商衍生性商品操作架構，可分為目前範圍與未來範圍（如圖五，證券商承作衍生性商品架構）。目前範圍依商品性質區分包含利率衍生性商品（Interest Rate Derivatives）、結構型商品（Structured Product）、債券衍生性商品（Bond Derivatives）、信用衍生性商品之信用違約交換（Credit Default Derivatives）。未來可能承作範圍涉及外匯衍生性商品（FX Derivatives）、信用連結票券（Credit- Linked Note）及股權交換交易（Equity Swap）等[1]。法規並非依商品類別依序立法，此點需特別注意。本章僅就證券商目前承作討論，內容並不就商品一一討論，就筆者法律實務認為較重要部分作說明。

---

[1]　衍生性商品種類變化多端，尚有現貨衍生性商品（Commodity Derivatives），甚至有天氣衍生性商品（Weather Derivatives）。

證券商承作衍生性商品架構

目前範圍

利率衍生性商品（Interest Rate Derivatives）
　　利率交換（Interest Rate Swap）
　　遠期利率交易（Forward Rate Agreement）
　　利率選擇權（Interest Rate Swap Option）

結構型商品（Structured Product）
　　保本型票券（Pricipal Guaranteed Note）
　　股權連結票券（Equite-Linked Note）

債券衍生性商品（Bond Derivatives）
　　轉換公司資產交換（Convertible Bond Asset Swap）
　　轉換公司債資產交換選擇權（CBAS Option）
　　遠期交易（Forward Transaction）
　　債券選擇權（Bond Option）

信用衍生性商品（Credit Derivatives）
　　信用違約交換（Credit Default Swap）

未來範圍

外匯衍生性商品（Foreign Exchange Derivatives）
　　貨幣交換（Currency Swap）
　　貨幣選擇權（Currency Option）

信用連結票券（Credit-Linked Note）

股權交換交易（Equity Swap）

圖五

(一) 資產交換與利率交換（Asset Swap & Interest Rate Swap）

1. 意義與文件適用

　　財團法人中華民國證券櫃檯買賣中心櫃檯買賣證券商從事轉換公司債資產交換暨結構型商品交易作業要點第二條第一項規定：「轉換公司債資產交換交易：係指證券商就其因承銷取得或自營持有之櫃檯買賣轉換公司債（以下簡稱轉換公司債）部位為交易標的，與交易相對人進行之衍生性金融商品交易。在雙方簽訂之交易契約中，證券商除取得在契約到期日前得隨時向交易相對人買回該轉換公司債之選擇權外，並得以證券商與交易相對人交易轉換公司債之成交金額作為契約名目本金，約定在該契約之期限內，以約定之利息報酬與交易相對人就該轉換公司債所生之債息與利息補償金進行交換。」

　　簡單來說，可轉換公司債資產交換（Convertible Bond Asset Swap, CBAS），係指證券商將可轉換公司債已約定好的交易價格售予客戶，同時約定在契約有效期限內，由證券商提供固定利息報酬給客戶；而客戶將所持有之轉換公司債所產生的任何利息與利息補償金還給證券商。但在契約期間內，證券商擁有隨時向客戶買回該轉換公司債之權利，證券商可在買回後再於市場上賣出[2]。

---

[2]　參閱《新金融商品完全手冊》，富翁情報出版，民國九十三年，頁六十五。

　　利率交換（Interest Rate Swap, IRS）依財團法人中華民國證券櫃檯買賣中心櫃檯買賣證券商經營新台幣利率衍生性商品交易業務作業要點第二條之規定，「指當事人約定，依其交易條件及利率指標，於未來特定周期就不同計息方式之現金收付定期結算差價之契約。」亦即交易雙方經由簽訂交易契約，在相同貨幣基礎下，約定在特定期間內，每隔一段期間依約定交換並互付對方利息，其利息依契約約定之名目本金計算。最常見為浮動利率與固定利率交換[3]。相較於多重結構之資產交換交易，利率交換交易較易於理解。

　　兩交易文件適用上，除當事人間簽訂之 ISDA 主約及附約，另需適用一九九七 ISDA 公債選權定義（1997 ISDA Government Bond Option Definitions）、一九九一年 ISDA 定義（1991 ISDA Definitions）、一九九八年對一九九一年 ISDA 定義之補充文件（1998 Supplement to 1991 ISDA Definitions）及一九九八年 ISDA 歐洲定義（1998 ISDA Euro Definitions）。這是由於資產交換交易同時涉及選擇權及利率交換，故有關選擇權部分適用一九九七年公債選擇權定義、有關利率交換部分適用其他三份文件。不過由於二〇〇〇年 ISDA 定義（2000 ISDA Definition）出現後，當事人得直接選擇適用二〇〇〇年 ISDA 定義較為便利[4]。前開定義適用效力上，如交易確認書與合約有牴觸部

---

[3]　同上，頁五十。
[4]　See 2000 ISDA Definition, p.v.

分者，仍以確認書所載為準，此於交易確認書中應為明確之約定。

　　依法證券商可將轉換公司債資產交換交易中，有關買權部分拆解賣出，此部份之文件適用法律並無強制規定，由於其僅為證券商單向收取權利金，交易對手違約風險極低，於是適用證券商自行擬定之版本簽訂合約，架構上為交易對手先簽訂選擇權交易總約定書，再進行交易並適用交易確認書。不過遠期交易、利率選擇權則屬於買賣權雙向，風險較高故依法仍需簽訂 ISDA 合約[5]。

2.交易確認書應注意點

　　利率衍生性商品內容包含名目本金（Nominal Amount）、利率（Interest Rate）、及交換期日（Payment Date）、權利性質（Buy/Sell Call/Put）之約定，基本上業務單位確認即可，法律疑議較少。

　　資產交換部分則較為複雜，值得探究；基本上交易確認書包含三個部分：轉換公司債交易（Convertible Bond Transaction），指資產交換標的之期初轉讓、轉換公司債買權交易（Convertible Bond Call Option Transaction）指期間內選擇權性質及行使、交換交易（Swap Transaction）指期間內利率或補償金之交換。

5　「證券商從事轉換公司債資產交換暨結構型商品交易作業要點」第二條第一項第二款、「證券商經營新台幣利率衍生性商品交易業務作業要點」第九條。

　　交易確認書在設計上，以國外已進行者為藍本無可厚
非，不過設計上仍需注意以下幾點：第一為是否有與國內
法規牴觸之可能，第二是基本交易條件之確認如選擇權方
向、資產標的、執行方式、交割時間等；第三為執行之可
能性，如是否無法依交易條件履行，是否配合轉換公司債
公開說明書內容？第四為條件之妥適性，如是否符合交易
目的及市場慣例。以上需要業務部門與法務部門通力合作。

　　例如資產交換之核心為標的債券，基本如標的債券發
行公司贖回該債券，則本交易將自動行使（Automatic
Exercise），當事人就該條款可決定適用與否及適用範圍，
如標的資產發行公司行使贖回權時或將公司債轉換為股
份時則適用，或約定標的債券發行公司債信不良（明列各
債信不良條件）時得提前終止[6]。另外因此類交易涉及第三
人，故就標的資產發行條件需妥善考量，以免造成無法執
行之可能。

　　交易確認書內容約定是否毫無限制？原則上法律上
係禁止與其他商品進行組合套裝，否則成為新金融商品應
取得主管機關核准[7]。然而上開標準有時很難界定，最後

---

[6]　「Automatic Exercise」中文意指自動行使，實則交易實務其意為就該交易提前
終止，在約定時需特別注意。有關債信不良情形可參考本章有關信用衍生性商
品一節。

[7]　要點第七條「證券商經營轉換公司債資產交換或結構型商品交易業務如有逾越本
作業要點規定範圍，或與其他有價證券或金融商品或業務有組合、套裝之情形，
應視為不同之他種衍生性金融商品，證券商未依相關法規申請獲准經營，或未經
相關主管機關核准交易，不得逕行辦理。」利率衍生性商品亦有相同之規定。

通常會回到衍生性商品交易重點考量核心，即有關法律遵循之自律性風險控管。舉例言之，利率交換如加入選擇權概念（非利率選擇權），交易雙方約定當利率到達一定條件時，作如何之給付（此點與結構型商品類似），形成所謂「變體利率交換」。此種變體尚不違反利率交換之交易型態，筆者認為尚可接受。

資產交換變體則有研究餘地，實務上有出現其他證券商約定，到期證券商需行使全部或剩餘部分之標的資產買權（Call），約定就將到期標的資產賣回權（put）義務屬於證券商者（證券商此時成為初級市場可轉換公司債買方），如證券商無法向發行公司賣回時則交易對手再受讓該標的證券，或交易對手給付證券商應付款項，再由證券商以自己名義代交易對手主張權利。此類約定是否妥適？

筆者以為業務單位為取得交易量無可厚非，但此種約定顯已違反風險管理原則，因如標的資產賣回權義務落在證券商，設因發行公司債信問題無法向發行公司行使賣回權，則交易對手是否將依約定受讓「問題標的資產」或給付款項頗有疑議。況且，此交易原始設計即為將信用風險轉嫁交易對手，交易對手因承受信用風險取得較高之利率報酬，如此一來，信用風險又轉回證券商，此與內稽內控之「防範交易相對人不履約之風險」精神背道而馳，使法律關係更加複雜，徒生爭議。

　　再者，依前述轉換公司債資產交換之架構，買權行使屬於買方而該作為性質為「權利」，如買權性質為轉變義務，與買權之「權利」性質大相逕庭，是否符合法規所稱「證券商取得在契約到期日前得隨時向交易相對人買回該轉換公司債之選擇權」，亦非無再斟酌之空間。

　　去年曾發生之駭人聽聞公司負責人虧空公司資產之博達案，迄今已有不少公司財報不實或不為完全揭露者，主管機關正逐一徹查中。而博達可轉換公司債為資產交換之標的，試想證券商應如何向博達行使賣回權？交易對手在無法行使賣回權時是否能如期付款予證券商？個人另悉，在一般約定情形，有應具備衍生性商品專業知識之交易對手，甚至認為儘管完成轉換公司債買賣斷交易，然可轉換公司債賣回權（義務）仍歸屬於買賣斷之賣方（證券商），進一步主張賣方仍為所有權人。交易對手之所以作如此主張，實益在於假設賣方仍為所有權人，則所有有關轉換公司債信用風險由賣方承擔，或者至少將轉換公司債向發行公司賣回之義務解釋成存於賣方，此為明顯見證。吾人可知交易確認書之設計或安排，有時可以解決許多諸如資金停泊等問題，而本體衍生之變體仍應注意是否合於法律規定較妥。

(二) 結構型商品（Structured Product）

1. 基本內容

依財團法人中華民國證券櫃檯買賣中心櫃檯買賣證券商從事轉換公司債資產交換暨結構型商品交易作業要點（本節以下簡稱作業要點）第二條規定：股權連結商品交易（Equity-Linked Note），「係由固定收益商品再加上國內、外股權或股權指數性質之選擇權所組合而成之衍生性金融商品交易。在該項商品交易中，證券商與交易相對人約定，證券商依交易條件賣出固定收益商品，並同時向交易相對人買入於未來特定日到期之國內、外股權或股權指數性質之選擇權。本商品交易之契約期間應介於二十八天至三年之間。證券商基於維護交易相對人權益，應與其約定選擇權履約利益不高於其所交付之交易價金。」

保本型商品（Principal Guaranteed Note）交易係「由固定收益商品再加上參與分配連結國內、外標的資產報酬之權利所組合而成之衍生性金融商品交易。在該項商品交易中，證券商與交易相對人約定，證券商依交易條件賣出具一定保障程度之固定收益商品，並同時由交易相對人取得於未來特定日到期參與分配連結國內、外標的資產報酬之權利。本商品交易之契約期間應介於一個月至十年之間，前述一定保障程度除提前解約者外，不得低於交易價金之百分之八十。」

　　簡單來說，結構型商品係一種組合報酬型態之商品，投資人由該商品可一方面享有固定收益報酬，又同時因連結其他資產有機會享有該投資報酬。股權連結性商品，投資人取得部分資金之固定收益，同時賣出選擇權（Sell Option）取得權利金但負擔連結標的收益或損失風險，保本型商品係投資人取得部分資金之收益，同時買進選擇權（Buy Option）負擔收益或損失之風險。兩者由於選擇權買賣方不同，保本型商品投對於投資資金有一定程度之保障（故稱保本型），股權連結型損失風險較高，最大為投資資金，但因收益性高，故又稱高收益票券（High Yield Note）[8]。

　　結構型商品發行前，有論者對此舉美國立法架構作比較，認為結構型商品屬於「證券」而非「期貨」範圍，且可以依有價證券發行概念及程序踐行[9]。卻除結構型商品發行可能性爭執，事實上立法最後選擇結構型商品係契約（Contract Base）形式，交易對手間訂立契約約定交易條件載明一定權利義務以遵守，故與發行無關，此為首先需釐清之要點。儘管轉換公司債資產交換與結構型商品立法架構規定於同一作業要點，但兩者交易內容與性質大相逕

---

[8]　關於結構型商品交易詳細說明，可參閱劉宗聖、歐宏杰著，《結構型商品實務與應用》，九十三年十月，證券暨期貨發展基金會。

[9]　張文毅著，《股價連動債券上市交易之可行性探討》，證交資料月刊，第四五九期，八十九年七月。

庭;此舉無疑為法源爰引之便利性,鑑於結構型商品之特殊性,於是更公佈結構型商品交易注意事項(以下稱交易注意事項)為適用。

相較於資產或利率交換,結構型商品之立法內容對交易對手較有保障,參照前揭定義諸多可知:如關於交易天期之限制、最大損失限制、交易價金保障程度,另尚有避險部位不得質押、總約定書強制約定內容及款項收付期間限制等[10]。至於交易對手資金是否需由保管銀行保管部分,據筆者初與主管機關接觸所知,其原始設計欲比照投資信託模式,於是引入保管銀行機制,使證券商資金動用受到監督,所以在法規公佈初期尚有保管銀行相關條文[11]。其後,修法又將該條文刪除,推其原因為保管銀行成本過高,增加操作手續,造成證券商與交易對手困擾,其實在避險專戶操作、交易申報及資訊之揭露中仍可受主管機關之監督。

許多交易對手關心交付資金所有權歸屬?交易注意事項立法之初主管機關確實關心此問題,於是剛開始於交易事項中特別規定,「證券商應於與交易相對人簽訂之交易契約中,以明顯之粗黑字體敘明其因從事結構型商品交

---

[10] 結構型商品交易注意事項第第五至七條。

[11] 原交易要點九十二年年七月一日公佈條文第十條:「證券商與交易相對人從事結構型商品交易前,應先於保管機構開立專設帳戶保管其固定收益商品及資產,並由保管機構自該帳戶代辦相關交割、結算、履約事宜。……」。同時公佈之「結構型商品交易保管資產契約書(制式範本)」,目前並未廢除。

易所交付保管機構保管之固定收益商品及相關資產，屬證券商資產之一部分，交易相對人對該保管資產並無優先受償權。」甚至希望比照投資信託基金架構引入不得扣押條款，其實結構型商品與基金操作並不相同，定位上投資人仍為交易對手，雙方合意進行交易，並非類如投資信託之「代為操作」，兩者有相當差異[12]。

如情況允許或交易對手要求，保管銀行機制仍為選項之一，修法後仍保留。實際上交易對手有時仍考慮證券商之信用，或證券商想藉信用加強（Credit Enhance）取得投資人信賴，如依保險業從事結構型債券衍生性商品投資，需一定符合評等以上[13]（這也是筆者前揭強調需了解業務及管理以外之其他法源）、又如銀行指定用途信託專戶要求。於是有保證契約方式出現，由銀行出具保證書，保證證券商履行結構型商品契約義務，消除交易對手對於證券商不履約風險疑慮，以利於證券商有效推行結構型商品。

吾人可以發現結構型商品立法上較保護交易對手，此因為結構型商品主要之交易型態雖然為契約形式，但實際上仍類似由客戶向證券商購買「結構型票券」，交易對手

---

[12] 證券交易法第十八之二條：「證券投資信託事業募集之證券投資信託基金，與證券投資信託事業及基金保管機構之自有財產，應分別獨立。證券投資信託事業及基金保管機構就其自有財產所負債務，其債權人不得對於基金資產為任何之請求或行使其他權利。」立法之初，原欲規定於交易事項，不過後筆者提出可能有法律保留原則問題，不能於交易事項中訂定。其後條文中並未出現。

[13] 保險業從事衍生性商品交易處理程序自律規範第十一條。

先付一筆資金，對證券商而言幾無風險[14]，故一般將該交易對手稱之為「投資人」或「客戶」（Investor/Client）而不是法規所稱之交易對手（Counterparty），而該「投資人」不需要複雜商品操作知識，亦毋庸如資產或利率交換簽訂 ISDA 合約。以上為立法較保護「投資人」之原因。

2. 與銀行存款差異性及轉作

這個命題乍看之下並沒有任何相關聯性，卻是證券商擬從事結構型商品業務開始時，銀行據以爭論之目標之一[15]。緣依證券交易法第六十條規定，證券商不得收受存款；且銀行法亦明確規定「非銀行不得收受存款」（銀行法第二十九條、二十九條之一）。設結構型商品被解釋成收受存款，則此項業務需由金融局（現已為改制銀行局）核准，且證券商恐無法承作。

觀諸銀行法第五條之規定：「本法所稱收受存款，謂向不特定多數人收受款項或吸收資金，並約定返還本金或給付相當高於本金之行為。」經推敲分析後，筆者認為結構型商品與銀行存款，兩者具有以下差異：

---

[14] 依交易注意事項第七條承作時交易價金收取為交易契約簽訂後次一營業日內。如客戶怠於繳款，證券商可因違約而主張因此避險之重置成本（Reestablishing Cost）等費用。

[15] 九十三年三月四日工商時報其中報導標題「券商發行保本型債券，以利吸收存款？」其中「......金融局認為證券商發行連動式債券，並未循證交法中的有價證券發行模式辦理，僅以契約形式，即可向投資人吸金，有為銀行法，吸收存款之嫌。......」其後筆者所屬集團亦應櫃檯買賣中心要求提出相關解釋。

(1)內容與性質不同

銀行存款簡單而言為本金與利息約定之結合建立於單純之當事人間存款契約，缺乏選擇權概念，亦無連結標的，故與衍生性商品有間；而結構型商品依作業要點規定係「固定收益報酬與選擇權之組合」，性質上為衍生性商品。結構型商品其中選擇權概念，區分為買權、賣權，履約價格、並有權利金（Premium）[16]之交付、連結標的、評價模型、等特殊衍生性商品交易概念存在。

(2)收受款項範圍是否特定不同

銀行與投資人訂立存款契約後，投資人得按自己需求存入不特定之金額，基本上投資人並無交付一定金額之義務。而經營結構型商品證券商與投資人訂立交易契約後，因交易條件特定，交易對手有依契約合意將該款項交付證券商之義務。

(3)是否有期限及交付義務不同

銀行存款契約基本上並無期限，而結構型商品有天期限制，且到期後需依法於一定期限內交付交易對手。

(4)投資結果不同

銀行存款為「給付返還本金或相當高於本金」，投資人將一定金額存入銀行後，其後必定收取本金或大於本金

---

[16] 權利金=內含價值+時間價值。有關選擇權概念及理論，可參閱《期貨交易理論與實務》，證券暨期貨發展基金會。頁四二六。關於結構席商品名詞可參考《結構型商品實務與應用》，頁十九至二十八。

之報酬。但結構型商品中保本型商品所謂「保本」一詞並非一定指百分之百保本，係指依法令及交易契約就投資金額為一定程度之保障，投資人因參與率之投資損益，仍有損失之可能。股權連結性商品因缺乏保本性，收益範圍大，但對損失範圍亦大。

角力結果最後證券商仍受核准此業務，然而並不表示證券商得收受存款。重點在於目前法規限制下，資金不得無理由或非因業務停泊於證券商。而實務上客戶轉作時，客戶結清第一筆交易，但又繼續另一筆交易，如資金來回匯出匯入，不僅手續繁瑣且增加成本。提供客戶簽署轉作之法律文件及處理流程，仍需特別注意，以免觸法。

3.其他法律操作應注意點

交易前雙方需簽訂交易總契約書，其後就個別商品簽訂個別交易契約，再由證券商發交易確認書。法律效力上交易確認書大於個別交易契約大於交易總約定書。

實務上有些如大型金融機構或銀行指定用途信託專戶，會針對證券商所提供之交易總契約進行磋商（事實上證券商立場很難接受），但應（1）符合法律之規定。銀行對於結構型商品並非十分熟悉，此時證券商法務附帶之商品專業就相當重要，可收事半功倍之效。（2）後台程序是否得配合操作。倘約定交割時間後台無法完成或不符內部管理作業（如約定到期日次一營業日交割），不啻造成更大困擾。

　　結構型商品每一交易契約為量身定作，投資人依其需求與證券商商議，證券商設計出「客制化產品」，基本上無定型化契約之問題，也給予證券商與交易對手更大彈性與空間。但交付投資人之交易契約（Term Sheet）務必明確，由於結構型商品投資人多為自然人，如交易條件過於難懂，投資人望而卻步，由法務以客戶及法律角度作事先審閱與建議，可減少爭端避免事後彌補。

　　在交易方面，自營部與經紀單位就客戶通路良好之配合是需要的，由於目前結構型商品屬於自營業務，經紀單位人員是否得從事該交易不無疑問，依現行規定，業務人員除法律另有規定外，應為專任，故基本上執行應由自營部門處理，不得由經紀單位代勞[17]，然而因實際通路在經紀部門上，架構及處理流程上就需特別考量安排，但原則上交易部分仍以自營部門流程及文件為準。

　　結構型商品所面對之交易對手並非侷限於金融機構或法人，涉及一般自然人，處理交易風險控管不可忽視。凡電話錄音及書面簽署確認缺一不可，由於結構型商品條

---

[17] 證券商負責人與業務人員管理規則第四條：「證券商業務人員，應為專任，但本會另有規定者，不在此限。證券商之下列業務人員不得辦理登記範圍以外之業務或由其他業務人員兼辦，但其他法令另有規定者，從其規定：一　辦理受託買賣有價證券業務之人員。二　辦理有價證券自行買賣業務之人員。三內部稽核人員。證券商之業務員不得執行或兼為高級業務員之業務。」例外情形證券商經營期貨交易輔助業務管理規則第三條及第二十七條，如證券商兼營期貨交易輔助人，具有證券及期貨業務員資格之業務員，得同時受託證券之買賣及該兼營業務。

件難以於電話中一一詳述，經常面對為一般之自然人投資人情形下，如不作較嚴格之控管，易生糾紛。例如交易對手申請提解時，證券商應即製作好之申請提解書交由客戶，由客戶填具後傳真，如客戶有塗改或保留，證券商應即拒絕接受提解（原始之法律設計，對證券商較有保障），當然此類有問題案件應即時通知法務部門協助處理較妥。

　　作業要點第二條第三項所指附表中列舉可連結標的及其限制，另外仍需注意幾點，其他證券商可否為連結商標的?金融控股子公司是否能連結控股母公司標的?目的及部位之限制等?以上需參考其他法規方能一探究竟，並非前揭附表所得包含理解。另為擴大證券商操作範圍，其後主管機關陸續採取開放措施，其中之一為開放連結海外標的而不限於國內，擴大結構商品格局與增加投資人選擇。又原結構型商品為現金結算，其後開放不透過集中市場之實物交割（Physical Settlement），即證券商以避險專戶之部位依相關規定給付連結標的）後，有關實物交割與交易對手應約定之選擇及計算方式及其他事項亦應明確約定[18]。法律如有變動，應隨時注意配合法規作法律文件調整，以遵法制[19]。

---

[18] 又依九十三年九月二十七日金管證三字第 0930004617 號行政函釋，不受證券交易法第一百五十條規定上市有價證券買賣應於證券交易所開設之有價證券集中交易市場為之限制。

[19] 九十三年十二月九日 93 證櫃字第 36500 號，修正交易注意事項，涉及交易契約應載明內容。

(三) 信用衍生性商品之信用違約交換

（Credit Derivatives—Credit Default Swap）

1.意義與文件適用

　　證券商礙於風險考量及操作經驗，未貿然從事信用衍生性商品，不過由於操作經驗之累積及多重途徑避險需求，遂逐漸有開發該業務之必要[20]。其實在新台幣利率交換交易開放不久後，主管機關已開放證券商得從事信用違約交換（Credit Default Swap）交易。從事此業務有三點基本限制；（1）需為避險之目的；（2）交易部位需因承銷取得或自營持有之部位；（3）交易對手需為經財政部核准辦理該業務之金融機構[21]。嚴格來說，前揭行政函釋係有限度開放，如證券商有意以信用違約交換為業務者，仍需向主管機關申請核准，非可援引為業務開放法源。

　　信用違約交換係指交易雙方簽訂轉移信用風險之契約，為達信用風險轉移目的，交易雙方約定一第三主體作為信用參考標的或信用連結標的（Reference Entity）。依據契約規定，期初信用保護買方（Protection Buyer）需付

---

[20] 另外一種信用衍生性商品為信用連動票券（Credit Linked Note, CLN），即由發行商發行票券，票券買方買該票券（通常為名目本金），再由發行商依約定利率計息給買方，如信用事件發生則進行實物交割或現金結算。不過 CLN 具與「信用」之關聯性，但亦類似結構型票券（Structured Product，著名博達案海外操作模式），券商目前尚不得承作，故不在本文討論範圍。

[21] 台財證二字第 0910139109 號行政函釋。除基本限制外，該函釋並揭露從事該業務需依遵守衍生性商品交易處理要點、納入內稽內控程序及關於衍生性金融商品會計揭露原則或申報辦理。

出權利金予信用保護賣方（Protection Seller）。期中依約定名目本金按固定利率與浮動利率進行交換，當約定之信用事件（Credit Event）發生時，交易即終止，雙方進行實物交割或現金結算。

　　如同 ISDA 合約架構一般，信用違約交換最重要之法律文件為交易確認書，交易確認書中載明包含幾個重點：即當事人、文件適用、交易條件、特別條款等。前言中敘明於文件載明就 ISDA 文件之適用，確認書適用及形式可參考一九九九年及二〇〇三年 ISDA 信用衍生性商品定義（2003 ISDA Credit Derivatives Definition，以下簡稱二〇〇三 ISDA CDD）內容及附件（Annex）[22]。基本法律架構亦相同，原則上當事人仍需先簽訂 ISDA 合約（不論主約一九九二年版或二〇〇二年版）及附約，實際交易再運用交易確認書。因交易確認書所載明適用二〇〇三年 ISDA CDD，故定義部分將優先適用於 ISDA 附約及主約（可參考本書圖三）。又 ISDA CDD 設計上為針對特定交易之定義獨立性（free-standing basis），故並不需適用二〇〇〇年 ISDA 定義，又由於二〇〇三 ISDA CDD 欠缺貨幣定義，故交易雙方仍可選擇爰引二〇〇〇年 ISDA 定義予以輔助[23]。

---

[22] 目前信用衍生性商品定義（Credit Derivatives Definition）有一九九九年版及二〇〇三年版，一九九九年版係針對信用交換交易所彙整之一般原則適用，二〇〇三年係針對前版再作部分修正，本文以二〇〇三年版為準。See 1999 ISDA Credit Derivatives Definition, p. v.; and 2003 ISDA Credit Derivatives Definition, p. xi.

[23] See 2003 ISDA Credit Derivatives Definition, p1. 2003 ISDA Derivatives Definition Annex 提供之違約信用交換版本更區分為總交易確認書（Master

2.交易確認書說明

交易確認書中最需注意者為信用事件（Credit Event），信用事件為信用違約利率交換之核心，攸關整個交易之進行。二〇〇三 ISDA CDD 信用事件規範計有六種態樣：（1）破產（Bankruptcy）、（2）債務提前到期（Obligation Acceleration）、（3）義務違反之違約（Obligation Default）、（4）怠於付款（Failure to Pay）、（5）拒絕或暫停支付（Repudiation or Moratorium）、（6）與債權人或政府機關重新協議（Restructuring）。另外，需特別說明的是，上開信用事件側重事實而不受其他抗辯事由之影響，即信用事件條件是否發生為斷，不涉及該信用事件信用連結標的之實體權利有無，包含無權代理、欠缺當事人能力等瑕疵主張（lack of capacity of authority）、任何義務法律上給付不能獲無效之主張（unforceability, illegality, impossibility, or invalidity）、法律變更或裁判之主張（change in the interpretation by the court or the authority）、主管機關課予義務、變更支配或限制之主張（imposition, change of control by authority）。由此可知就違約信用交換交易，如有效交易期間內前信用參考標的發生揭信用事件，則該交易提前終止結算，影響當事人權利義務甚鉅[24]。

Confirmation Agreement）及個別交易文件（Transaction Reference），即當事人先簽訂總交易確認書，特定交易再簽訂個別交易文件。架構上更為複雜，似適用於大量及大型複雜之交易，可供參考。不過一般仍直接以交易確認書進行。

[24] See 2003 ISDA Credit Derivatives Definition, Art. IV, Section 4.1-4.9, pp. 33-37.

　　基於當事人自主原則，當事人亦得就信用事件定義作約定。不過需注意以下幾點：第一、中英版本不同會影響定義，舉破產為例，如當事人進行係以英文版為準卻未進一步確認「Bankruptcy」之定義，容易有誤認。緣「Bankruptcy」就中華民國法僅限於破產法之定義，而二〇〇三 ISDA CDD 之「Bankruptcy」則定義較廣[25]，故採用不同語文版本時應做明確界定，以免交易當時其中當事人認為雖然以英文版進行，但雙方均為中華民國公司，「Bankruptcy」需依中華民國破產法解釋。第二、整體架構需明確；關於整個 ISDA 合約、二〇〇三 ISDA CDD 及其他 ISDA 定義（如二〇〇〇 ISDA Definition）如何適用應載明於簽訂之法律文件上。第三、交易確認書建議需依交易地之習慣及當事人需求列入考量。

---

[25] See Ibid. 共有八項簡要如下：(a) 解散（不包括聯合（consolidation）與合併（amalgamation））或兼併（merger）(b) 破產（insolvent）或無力償還債務；(c) 為債權人之利益所為之移轉（assignment）、重組（arrangement）、和解協議（composition）；(d) 著手申請資產不足清償債務（insolvency）或破產（bankruptcy），或其他類似破產法足以影響債權人權利之救濟、或請求結束營業（winding-up）或清算（liquidation）；及有足以對其造成資產不足清償債務、破產、結束營業或清算，或不能於三十日內撤銷、解除、中止、或限制之訴訟或請求。(e) 已有通過之結束營業、官方接管或清算之方案（resolution，合併除外）(f) 為其資產尋求或資產已成為管理人（administrator）、臨時清算人（provisional liquidator）、保管人、接收人（receiver）、信託人、監督人（custodian）或其他官方機構之管理客體；(g) 已遭擔保權人佔有資產、追索佔有（distress）、執行、查封（attachment）、扣押（sequestration），或其他依法之徵收、執行或擔保權人主張佔有之訴訟上請求、或上述其後不能於三十日內撤銷、解除、中止、或限制者。(h) 依據適當法律管轄，屬於或構成上述（1）至（7）之因素，具類似效果者。上揭破產定義基本上與 ISDA Master Agreement Section 5（a）（vii）大致相同。

　　參考筆者接觸之國內金融業其中版本為例，其信用事件為（a）申請正式或非正式之政府紓困方案或債務延期特案（b）發行之股票遭下市處分、成為全額交割股或被交易所強制停止交易達三十個營業日以上交易日（c）被票據交換所列為拒絕往來戶（d）有不能支付情形或破產或公司重整之申請（e）標的公司與他公司合併，且標的公司為消滅公司，但無標的公司相關債務之買回或轉換計劃。顯而易見，該信用事件內容與二○○三年 ISDA 信用衍生性商品定義有所差異，關於股票下市或被列為拒絕往來戶等即屬於考量交易地情形特殊約定。

　　除載明雙方以已經簽訂之 ISDA 主附約為據以外，通常在文件前言中會載明類似法律效力適用字眼以資明確，亦即適用二○○三年 ISDA 年信用衍生性商品定義，如有不一致，本交易確認書將優先適用之字句。尤其關於特定條件載明於交易確認書後，是否排除或適用其他不衝突之二○○三年 ISDA 信用衍生性商品定義（如破產是否限定破產程序申請或亦適用二○○三年 ISDA 信用衍生係商品定義之其他 Bankruptcy？）筆者建議應進一步於交易確認書中釐清。

　　另一個信用違約交換交易重點及較特別之處在於通知（Notice），其可分為兩種類型，分別為「信用事件通知」（Credit Event Notice）及「實物交割通知」（Physical

Settlement Notice ）。就信用事件通知而言，基本上倘信用參考標的發生信用事件，通知方（Notifying Party）通知交易對手進行後續處理。通知方可由當事人自行約定，可能為信用保護買方或信用保護賣方[26]，觀以此種交易之特殊性質，通常信用保護買方為通知方較為公允，因此時信用事件發生，信用風險應轉移於信用保護賣方，信用保護買方自較賣方為關心，否則對買方較為不利，在審核交易確認書時需注意通知權利及義務配置。

信用通知發出後，該通知生效日效稱為事件決定日（Event Determination Date），信用通知買方應於信用通知生效（即事件決定日）後三十日內通知信用保護賣方進行交割，如於信用決定日起三十個日曆天（Calendar Day）不為實體交割通知進行交割，則第三十日為交易終止日（Termination Date），除已衍生者外，雙方不再就本交易之有權利義務[27]。

通知具有以下兩種特性：a. 不可撤銷性（irrevocable），望文生義易於理解；b.通知效力可經公開可得資訊發生（Notice of Publicly Available Information）。意指通知方如經由公開可得知訊息得知信用事件之發生，得逕載明該可得之公開資訊，合理支持信

---

[26] See ibid, Section 3.2（e）.
[27] See ibid, Section 1.8, 3.4.

用事件發生（例如國內股市觀測站），通知交易對手。二
○○三 ISDA CDD 更進一步公開資訊源（Public Source）
之使用作規範，當事人得於交易確認書中對公開資訊源作
範圍界定，如不界定則視為適用如路透社（Reuter）、華
爾街報（Wall Street News）及道瓊資訊（Dow Jones News）
等為可援引之「公開資訊源」，在交易對手均為國內法人
情形，交易確認書中需調整或補充為包含國內媒體（如股
市公開觀測站、聯合報、或其他電子平面媒體等），較符
合實際情形[28]。

(四) 債券衍生性商品（Bond Derivatives）

1.進步之立法與評析

九十二年三月三日櫃買中心公佈債券遠期買賣斷交
易細則，並同時公佈債券遠期買賣總契約，開放證券商從
事債券遠期交易買賣斷（以下稱債券遠期交易）業務[29]。
迄九十三年八月續公佈「財團法人中華民國證券櫃檯買賣

---

[28] 有些交易確認書將通知區分為信用事件通知、公開可得資訊通知、實物交割通知、甚至將公開資訊源視為通知之一種。實際上依本文所見，公開可得資訊通知（Notice of Publicly Available Information）基本上仍屬信用事件通知，不過其來源屬於來自公開資訊。而實物交割通知以已為信用事件通知為前提」Ex. Reference is also made to the Credit Event Notice and Notice of Publicly available Information dated [date], previously delivered to you on [date].」。而所謂公開資訊源，性質上根本非通知，而係上開公開資訊之界定，如路透社。 See Ibid, Section 3.6, 3.7, and Exhibit C.
[29] 遠期交易總契約立法之初法律上似並未定性是否屬於衍生商品，直到「證券商管理規則」修正。參本書前揭說明。

中心證券商營業處所債券衍生性商品交易細則」（本節簡稱交易細則），新增債券選擇權交易業務並將原債券遠期交易納入。依該細則包含兩種債券衍生性商品交易型態：

A.債券遠期交易（Forward Bond Transaction）：指證券商與客戶約定，於未來特定日期，依特定價格及數量等交易條件買賣約定之標的債券，或於到期時結算差價之契約。

B.債券選擇權交易（Bond Option Transaction）：指證券商與客戶約定，選擇權買方支付權利金，取得購入或售出之權利，得於特定期間內，依特定價格及數量等交易條件買賣約定之標的債券；選擇權賣方於買方要求履約時，有依約履行義務；或雙方同意於到期前或到期時結算差價之契約[30]。

相較於之前相關衍生性商品之法規，筆者認為交易細則為較進步之立法。第一點為明確風險管理基礎及方向。法規中要求證券商必須依循「公開發行公司取得或處分資產處理準則」、「衍生性金融商品交易處理程序」及「內部控制及內部稽核制度」進行控管，並要求證券商須針對交易對手財務及資金等相關背景資料，進行徵信作風險評估，留存身分證明文件或登記證照影本，以明瞭對手是否

---

[30] 「財團法人中華民國證券櫃檯買賣中心證券商營業處所債券衍生性商品交易細則」第二條。有關債券選擇權之交易詳例，可參考《Financial World 國際投資月刊 No.28》，秀威資訊科技股份有限公司，民國九十三年十一月，頁八至十一。

應接受對手進行交易,或評定交易對手得從事債券衍生性商品交易之額度。並進一步要求券商應對交易對手設定限制買賣額度[31]。以上規定似較接近交易實務,而屬於後台徵信、評估之風險控管,而買賣額度部分,即是本文於 ISDA 信用擔保運用一節所指之「Credit Line」。

第二點為 ISDA 合約簡化之意圖。依交易細則第五條規定:「證券商與客戶初次承作債券衍生性商品交易時,應與客戶簽訂『債券衍生性商品交易總契約』(本節以下簡稱交易總契約)或 ISDA 總契約。」櫃買中心並於其後於網站上公告前揭總契約。其內容大致包含一般契約應約定事項,架構上交易雙方簽訂總契約書,再簽訂可能之補充文件或就個別交易直接簽訂交易確認書;類似 ISDA 架構之主約(Master Agreement)、附約(Schedule)及交易確認書(Confirmation)。

個人對於該交易總契約有幾點淺見:

(1)各文件效力上似有矛盾

交易總契約第一條適用範圍後段載明:「除非雙方另有書面約定,每一筆交易均受本總契約條文、補充條款及所有其他附件相關條款之規範。」可見,簽訂交易總契約後,如雙方另行約定效力較高。而第三條卻又載明:「確認書件須載明每一筆交易之相關約定條件,且確

---

[31]　「債券衍生性商品交易細則」第四、五、十二條。

認條件與本總契約抵觸者無效。」故雙方約定之確認書效
力較低。

　　以上經過嚴格之法律邏輯及效力判定上，似無法明確
導出設兩文件不一致時孰效力為優先。如依總契約第四條
之規定，訂定交易應以書面為之，似以書面簽訂為必要且
生效要件，實際上交易常態係以電話進行交易即生效；又
如交易總契約第九條關於淨額結算規定針對不同交易得
進行充抵，似為考慮到不同幣別問題。設確認書當事人約
定以電話進行交易並僅得就相同幣別進行結算，效力究竟
如何？

　　(2)交易慣例比較

　　衍生性商品交易向採 ISDA 合約形式，已長期為各國
及跨國衍生性商品交易所通用，如謂總約定書效力大於交
易確認書，不免與長久建立之概念混淆誤認，可能對整個
衍生性商品操作系統之前中後台及法務造成困擾，且無法
與國際接軌。另一個值得討論為管理上問題，一般 ISDA
合約簽訂主約後，適用所有衍生性商品交易，當事人簽訂
主約後，只要就特定交易條款以附約補充即可，可適用資
產交換、利率交換、信用衍生性商品甚至貨幣與外匯交換
選擇權等，可統一管理。由於交易總契約僅限定於債券衍
生性商品交易，不涉及其他交易，意味交易對手需另外簽
約，所有法律操作可能要分開處理，管理上不甚便利。

　　該總契約明顯看出其援引之前「債券遠期買賣總契約」之模式作為藍本[32]，參考 ISDA 許多內容而制定。主管機關考量 ISDA 合約中文之需求性，也希望將衍生性商品制定更明確之可依循規則，其對市場及造市者之努力相當值得讚許。儘管如此，似應就衍生性商品之法務管理及實務運作作整體考量，以臻妥適。由另一個角度而言，衍生性商品本身為損益風險極高之交易，交易對手本身本應對於各式包含市場、操作、法律風險應具有一定程度，ISDA 英文契約形成之較高之無形門檻，反而可阻卻不諳衍生性商品之參與，以減低市場風險；開放政策以熱絡交易立意雖美，其實不一定需要對所有可能交易對手廣開大門，如孳生更多問題反而非所欲見。

　　按該交易總契約僅公佈於櫃買中心網站，並非以法令形式公佈，故尚無法律強制力。而依法證券商就債券衍生性商品仍有選擇性之雙軌並行制，故以目前債券選擇權交易法律文件適用，個人會傾向建議簽訂 ISDA 合約模式較妥，已因資產交換等簽訂 ISDA 合約者更應爰用。至於遠期交易因之前總契約法律上屬於強制規定，且原法規並未廢止，仍以簽訂九十二年三月三日所公佈之總契約書為妥。

　　在文件適用上，基本上依循 ISDA 之架構，定義部分適用二〇〇〇年 ISDA 定義。而選擇權涉及權利金之部

---

[32]　此模式尚有「財團法人中華民國證券櫃檯買賣中心債券附條件買賣總契約」。

分，建議於交易確認書中加入如應付權利金人怠於於約定
期限繳納之處理及效果，能更完備。

2.唯一衍生性商品錄音規範及風險控管地位

　　交易細則第三進步點為對於債券衍生性商品之錄音
有詳細之規定。其第十條規定：「證券商為債券衍生性商
品交易應採行同步錄音，並準用業務規則[33]第六十二條第
五項至第七項之規定，且應保存至該交易完成給付結算為
止。」亦即證券商自營商對電話交易應同步錄音，並將電
話錄音紀錄置於營業處所。電話錄音紀錄應至少保存二個
月。但買賣委託有爭議者，應保存至該爭議消除為止。由
此可見，證券商從事債券衍生性商品交易需同步錄音，此
為法定義務，目的為減少爭議，保障交易對手及維護交易
安全。至於電話中內容之法律地位?先對照櫃買中心公告
之總契約，如謂交易法律效力於電話中成立，則總契約以
書面似有疑議；如謂以書面成立，那電話錄音僅得作為當
事人間磋商，不能為契約成立之基準，於是電話內容僅為
書面契約內容之佐證。不過筆者認為交易於電話中成立，
並非以書面為生效要件，當事人因口頭意思表示一致而成
立，即使僅有電話錄音無其他書面文件，交易仍成立，錄
音重要性可見一斑。

---

[33]　係指「財團法人中華民國證券櫃檯買賣中心證券商營業處所買賣有價證券業務
　　規則」。

　　接下來的疑問是，其他衍生性商品，諸如本文所提及之結構性商品、轉換公司債資產交換、信用衍生性商品等是否需錄音？為何立法上獨就債券衍生性商品交易為規定?當然嚴格法條式解釋下，既然法律未規定，則法律上並無錄音義務，即便不錄音，並無違法問題。而錄音管理對證券商而言仍視管理上成本，由省卻成本考量對證券商當然有利。

　　然而此項錄音強制性規範，卻因九十四年二月二十三日「證券商營業處所經營衍生性金融商品交易業務規則」之公佈，同時廢止「證券商營業處所債券衍生性商品交易細則」後，成為無法律適用餘地；於是此部分再度成為自律性風險管範圍。不論立法意旨為何，應參酌風險控管要求而定。綜觀整個證券交易法體系中，不乏錄音之相關規定，如經紀、期貨交易輔助主要出現經由電話完成之交易，為免當事人間產生糾紛，故錄音以保障之[34]。事實上衡諸衍生性商品之交易型態，通常為交易員（Trader）以電話交易，再由報價方（Offerror）以有權人簽章之初步交易確認書（Preliminary Confirmation）傳真交易對手即被報價方（Offerree）、

---

[34] 「臺灣證券交易所股份有限公司營業細則」第八十條、「中華民國證券商業同業公會證券商受託買賣外國有價證券管理辦法」第八條、「證券商經營期貨交易輔助業務管理規則」第六條、「期貨商管理規則」第三十六條。錄音在券商訴訟實務上具有舉足輕重之地位，必要時甚至作聲紋比對，以確認交易人。

交易對手確定無誤後由其有權人簽章回傳報價方，其後
再由報價方發出最終確認書（Final Confirmation）予交
易對手。鑒於衍生性商品損益高風險性，為避免錯誤而
經過雙重確認方式，致實務上出現爭議情形微乎其微。
儘管如此，在特殊情形下仍有需要（如電話完成交易後
無法傳真、或最後確認書方發現重大書面錯誤與原交易
不符情形）。

　　除錄音之外，其實文件保存亦為需注意點。依現行
法規證券交易所營業細則第七十五條規定,已成交之委託
書，併同業務憑證保存，而電腦列印買賣委託紀錄無爭議
者應保存五年，有爭議者應保存至爭議消除為止[35]。而衍
生性商品屬於自營並非經紀業務，且相關文件亦非「委
託」，能否適用頗有齟齬。

　　證券商帳表憑證保存年限規定似有適用可能性。但
ISDA合約、交易確認書、交易契約及其他衍生性商品文
件例如授權書、徵信文件等，以上究竟屬於保存年限表之
哪一種類型?性質上似難認屬於業務憑證（成交回報、成
交委託、議價成交單、買賣報告書……等），亦顯非附條
件買賣交易（RP & RS）。比較上似可「類推適用」之類
型為「其他與交易有關之憑證」，需保存一年；「其他證

---

[35]　「財團法人中華民國證券櫃檯買賣中心證券商營業處所買賣有價證券業務規則」第六十二條亦有類似之規定。

券商經營櫃檯買賣有價證券契約」，需保存至契約終止為止，其實此兩類型適用上仍不無疑問。

　　筆者淺見如下，第一、會計文件部分容易區分，依原規定年限保存；第二、如當事人有爭議，依規定保存至爭議消除；第三、交易確認書及交易契約應保存至交易了結後五年為止。第四、有關 ISDA 合約應保存至契約終止後五年，因交易了結後當事人仍有再交易之可能，而終止後應留存以防杜法律爭議。

　　總的來說，錄音或文件保存與否不應自成本考量或應付主管機關查核，毋寧匡自保障交易安全及嚴格風險控管角度，其重要性不可小覷。所以在 ISDA 合約及結構性商品合約中，均包含雙方同意對交易進行錄音之條款。當然保存牽涉管理及成本問題，證券商應就風險管理考量作內部妥善安排。不僅債券衍生性商品，其他衍生性商品亦應為同等適用。

Conclusion & Expectation

第五章　結語

第五章　結語

衍生性商品立法不斷演變中，九十四年二月二十三日公佈之「證券商營業處所經營衍生性金融商品業務規則」，除前文已提及之整合衍生性商品法規、改變法源以外，尚將部份實務運作「自律性風險控該管」納入法規。如該規則第二十二條明定轉換公司債資產交換選擇權交易應簽定總約定書，及契約基本應載明事項[1]；第三十五條規定衍生性商交易時應由交易相對人簽具非法律禁止特定交易對象之聲明書等。綜合前述，衍生性商品交易不可同日而語，筆者歸納出以下幾點方向：

(一) 公司應重視自律性風險控管，以強化公司治理，追求永續經營

衍生性商品操作基礎結構，不外乎由決策機制、作業機制及監督機制結合而成。其詳細內容簡單如下表所示：

---

[1] 條文甚至將該交易市場慣用語「Option 端」、「Credit 端」之「選擇權端」納入條文。

決策機制	分層授權負責（董事會及業務單位組織與權限等）
	交易方針規劃（業務或避險或投資、風險承受度、授權額度）
	商品範圍確定（申請核准業務、選定業務如 IRS……等）
	交易對手門檻（信用評等或特定機構）
	程序細則擬定（交易細則或處理程序）
	危機處理
作業機制	標準作業程序前台（業務）中台（交易）後台（交割）
	商品研究設計
	契約審議與簽訂
	交易對手徵信與文件管理
	IT 技術支援
	公開申報義務
監督機制	法務
	稽核
	風控室（VaR）
	財務

　　藉此表吾人可以簡單確認風險源細項，涉及作業風險、法律風險、信用風險、流動性風險、甚至市場風險，儘可能就各環節加以預防，以避免違法或不當之非預期「突襲性交易」出現」。而各機制之間相互關係（如圖六，衍生性商品操作基礎結構與互動）：

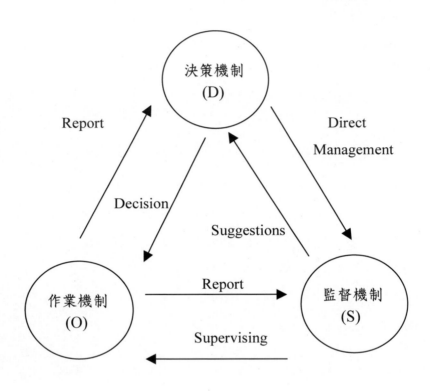

圖六　衍生性商品操作基礎結構與互動

　　決策機制（D）下達命令（Decision）予作業機制，作業機制（O）負責執行同時由監督機制（S）監控（Supervising），作業機制並將執行結果情形回覆決策機制及監督機制（Report）；監督機制可能針對作業機制提出糾正調整（Corrections），或對決策機制提出建議（Suggestions），以供改善參考；基本上監督機制應直接隸屬最高決策機制較妥（Direct Management），而非疊床架屋，才能為有效稽控[2]。

　　商品性質、交易型態、市場需求等因素，使衍生性商品規範意義與商品角度有若干差距，也影響主管機關訂定他律性風險控管及涉及廣度與深度。依現行衍生性商品規範，吾人可簡單劃出他律性與自律性風控界限，於他律性風險控管範圍，交易主體並無法律裁量空間（如交易與確認人員不得兼任、簽訂 ISDA 合約、訂定交易處理程序等），從事衍生性商品者僅有執行一途。衍生性商品業務規範密度仍相對較低，突顯出自律性風險控管格外重要。法規僅有綱要或指示性規定時，（例如應建立處理程序並納入交易原則方針、風險管理措施、內部稽核、定期評估及異常處理），業者應就公司實際情形、商品等作完整規劃；在非強制性規範情形（如證券商公司治理實務守則內

---

[2]　可參閱林淑貞編譯，《衍生性金融商品風險管理手冊》、財團法人台灣金融研訓院出版，九十二年八月。

容），應儘可能配合該規範以合法運作符合公司治理原
則。此外，衍生性商品廣泛之「法律未明文規定」範圍
（ISDA 合約內容、個別衍生性商品商品條件及規範設計、
法律風險預防措施建立），需更高強度自律性風險控管。
除前揭機制建立之完備性外，輔以跨部門水平風險控管整
合，與風險控管文化建立，極大化風險控管功能。

(二) ISDA 合約為衍生性商品操作最具影響力之法律文件

衍生性商品操作應以重視風險控管為第一要務，法律
風險亦不例外。風險認識應為操作衍生性商品最基本第一
步；風險控管認知不完備，不如保守地放棄從事衍生性商
品交易。由於衍生性商品便於作為符合特殊目的之金融工
具，市場方興未艾逐漸接受之際，交易量與風險隨之增
加，交易者對於風險之認識亦應相對提昇。不論交易任一
方，應從自身與使交易對手認識風險作起，這也是為何要
有風險預告書，以確認雙方知悉自己從事之行為與面臨之
風險。而風險範圍也不僅止於交易風險，尚包含法律風險
及作業風險等。從事衍生性商品者不能一味業務導向，尤
其應注重法律風險發生之可能性與預防。

ISDA 合約架構完備，為衍生性商品實務中最重要法
律契約之一，提供操作衍生性商品基本法律規則與磋商底
本，雙方權利義務明確化，避免雙方誤判，能直接有效預

防規範不明、契約疏漏、當事人真不明風險。於法規未規範或規範不明時，ISDA 合約為最重要適用依據。經由 ISDA 合約之商議流程，參與人員將漸次認識以致重視其法律風險，預防損害之發生。

　　ISDA 合約處於國際化與地方化之拉距與平衡狀態。以上吾人可窺知衍生性商品法律風險管理之認識、整合與以至制度化進程，此其中主管機關扮演極為關鍵之角色。因應衍生性商品交易由交易標的至交易主體之逐步放寬，ISDA 合約隱含兩個看似極端的問題，即 ISDA 合約國際化與地方化。由於衍生性商品交易為國外所引進，是否相關規則包含 ISDA 合約應一律採取參照國際交易慣例及立法？如一味以國內邏輯解釋處理，觀諸日益頻繁之跨國交易及交易習慣，恐有礙市場交易流通，國外交易者擔心無法預測之風險因而望之卻步。反面論之，適用 ISDA 合約如不注意國內既有之法令，可能因此有牴觸強制規定而無效之危險，此即所謂「法律不確定性」。以上拉鉅反映於國內法令側重內部控制可見一斑，顯示出國際化與地方化亟待調和與平衡。

　　目前法令對於 ISDA 合約管理原則上採「市場導向」並非「規範導向」，僅建立基本規範，而其衍生後續之法制化方向與深度問題，值得深究。筆者薄見交易實務應以沿襲國外慣例為原則，再一步步研究本國法令適法性問

題，而不是以國內既有交易方式訂定規則，否則難無削足
適履之嫌。

(三) 未來需著重跨領域之整體性研究

　　商品性質、涉外、機構間競爭因素交錯下，風險控管
絕對無法由單一面向完成，法律風險控管亦難以就機械式
法學解釋。

　　首當其衝必然是商品複雜，整合迫切性將隨之持續延
伸，於是專業領域整合不可避免。衍生性商品並非一般概
念下之傳統商品，而係「衍生於」前揭商品之商品，本身
性質即稍難理解。加以目前許多衍生性商品係透過綿密財
務工程，設計上呈現包裹式情形，使得衍生性商品類型區
別更加困難，而定性的問題往往牽動整個法律架構取向及
法律文件適用。ISDA 合約其所處理的不僅僅是單純法律
風險之問題，而尚係涉及對整個衍生性商品操作管理之指
導原則。儘管 ISDA 合約嚴格定位為法律文件，然其內容
卻涵蓋不同專業領域事務，各類別相輔相成，為需要團隊
合作之精密工作。尤其衍生性商品概念、特性與操作與吾
人慣習之現貨有相當大的差異，更深化處理整合的難度
[3]。就商品交易專業與法律專業而言，如果彼此對缺乏他
方專業基本之認識，各自為政，則無疑擴大風險缺口。法

---

[3]　筆者磋商過程中，常有法務以股票交易概念套用於衍生性商品，甚至有認為我
　　方為經紀商（Broker）者，以經紀業務說明者。

務人員應增進對各項商品之認識，商品交易操作人員亦應加強對法律風險概念之認識，尤需各自拋棄自我中心相互學習。

　　就機構競爭方面，證券商雖可透過跨業行銷方式與他銀行為策略聯盟，然而繁複手續及範圍限制使得證券商面對巨大金控空間仍感覺日益壓縮，證券商不得不尋找生存途徑以突破[4]。證券商希望主管機關以負面表列方式爭取業務，包含涉及傳統銀行從事之融資、外匯、存款、信託保管等。相對而言，金融管理之整合、證券商規模擴大、信用評等升高、商品之多樣及日趨熟練之衍生性商品操作，銀行對於兼營證券商業務虎視眈眈[5]。衍生性商品交易日趨競爭短兵相接而白熱化，遂使銀行與證券商間之界限愈趨於模糊；前揭結構型商品是否屬於存款爭議即為最佳例證[6]。

　　另外衍生性商品操作已不限於域內，將隨著主管機關開放腳步而擴大其格局，如開放證券商於海外設立分支機構[7]，開放證券商買賣外國有價證券及從事外國衍生商品

---

[4]　跨業行銷規範，財政部九十二年六月二十七日台財融（一）字第 0920025294號行政函釋。

[5]　論者有提出正反兩說。否定說理由：有礙銀行經營目的、不公平競爭、利害衝突、美日兩國採分離制等；肯定說理由：降低銀行風險、證券商不公平競爭、銀行信用較佳、促進競爭效率等。參閱陳春山著，前揭書，頁一九七至二〇〇。

[6]　由於金管會有意進一步開放銀行兼營券商業務範圍，引發券商關切，證券商業同業公會九十三年十月間遂於邀集券商題表示意見供其統籌反映。

[7]　九十二年十二月三十一日增訂「證券商管理規則」第五章之一包含第五十八之一至三條，開放券商得於境外設立分支機構，寶來證券為國內第一家申請獲核

避險交易[8]、擬開放證券商得於大陸設立子公司等[9]。以證券商於香港設立分支機構為例，吾人除了要注意台灣部分規範以外，尤其應連同香港規範一併考量；諸如兩地相關商品概念是否一致？香港當地實務是否允許海外分支機構申請持牌（許多證券商已在香港設立子公司）？衍生性商品交於香港法令之地位？衍生性商交易主體之適用？香港域外或域內交易效力與安排等問題需要解決[10]。

　　由機構主體思維方式，因衍生性商品之出現而衝破原始界限，不再囿於銀行與證券商二元化之傳統藩籬。不論銀行兼營證券商業務、證券商兼營銀行業務、或者所謂投資銀行出現，顯示商品性質及其風險控管、投資人保護、市場需求方為考量重點，密切牽動主管機關規範密度高低、政策與立法未來方向。隨業務視野逐步擴大，證券商為長遠風險管理及成本考量，除就公司政策與成本層面外，更應側重自律性風控管。此需要跨區域、跨部門法律遵守之認識、準備及整理，是一項繁複但必須準備之工

　　准於香港設立分支機構之券商。

[8] 九十三年一月二日台財證二字第 0930000001 號。不過仍需依循下列規定：限於避險交易、海外承銷部位買賣及限制、市場及證券標的範圍限制、部位持有限制、需為獨立帳戶等。

[9] 參閱九十三年十一月三十日聯合報 B1 財經版。而目前券商依臺灣地區與大陸地區證券及期貨業務往來許可辦法第六條規定，可在大陸地區設立代表人辦事處。《外資參股證券公司設立規則》第七條規定，仍需台灣「證券監管機構已與中國證監會簽定證券監管合作諒解備忘錄，並保持著有效的監管合作關係」，方可行，並非台灣方面單方可決定。

[10] 香港證券期貨金融商品法源主要為二○○三年公佈之「證券暨期貨條例」（Securities and Futures Ordinances），係整理之前法令之綜合統一法典。

程。尤應注重衍生性商品法務人員之培養，同時灌輸業務
人員基本法律風險概念，建立優質之衍生性商品操作團
隊，以處理 ISDA 合約及因應未來之日益變化。亦希望未
來市場參與者及主管機關加強有關 ISDA 之知識與研
究，與國際接軌，並同時建構更臻完善之衍生性商品風險
管理制度與交易環境。

參考資料

《證券商整體風險管理實務手冊》，中華民國證券商同業
　公會，民國九十三年十二月。

《衍生性金融商品風險管理手冊》，林淑貞編譯，台灣金
　融研訓院，民國九十二年八月。

《衍生性金融商品》，寰宇財務顧問公司譯，寰宇出版股
　份有限公司，民國八十八年。

《期貨交易理論與實務》，財團法人中華民國證券暨期貨
　市場發展基金會，民國九十二年三版。

《結構型商品實務與應用》，劉宗聖、歐宏杰著，證券暨
　期貨發展基金會，九十三年十月。

《新證券交易法實例研習》，劉連煜著，元照出版公司
　民國九十三年二版。

《證券交易法論》，陳春山著，五南圖書出版股份有限公
　司，九十二年六版。

《國際交換交易商協會（ISDA）主契約之介紹及個案研
　究》，馮俊誠著，私立中國文化大學碩士論文，民國
　八十七年六月。

《2004 新金融商品完全手冊》，富翁情報股份有限公司，
　民國九十三年。

《股價連動債券上市交易之可行性探討》，張文毅著，證
　　交資料月刊第四五九期，八十九年七月。
《Financial World 國際投資月刊 No. 28》，秀威資訊科技
　　股份有限公司，民國九十三年十一月
八十八年重訴字第四十三號判決
八十七年簡上第三三八號判決
1992 ISDA Master Agreement
1995 ISDA Credit Support Annex （English Law）
1995 ISDA Credit Support Annex （New York Law）
1999 ISDA Credit Derivatives Definition
2000 ISDA Collateral Survey
2000 ISDA Definition
2001 ISDA Margin Provisions
2002 ISDA Master Agreemnt
2002 ISDA Master Agreement Protocol
2003 ISDA Credit Derivatives Definition
Derivtives Update, The 2002 ISDA Master Agreement, Mayer Brown Row & MAW, www. mayerbrown.com
Understanding the New ISDA Document – ISDA 2002 Master Agreeemnt,Inetrnational Swap and Derivatives Association, Inc.

附錄　證券商衍生性商品相關法規

公開發行公司取得或處分資產處理準則　節錄

第四節　從事衍生性商品交易

第 十八 條　　公開發行公司從事衍生性商品交易，應注意下列
　　　　　　　重要風險管理及稽核事項之控管，並納入處理程序：

　　　　　　一、交易原則與方針：應包括得從事衍生性商品交
　　　　　　　　易之種類、經營或避險策略、權責劃分、績效
　　　　　　　　評估要領及得從事衍生性商品交易之契約總
　　　　　　　　額，以及全部與個別契約損失上限金額等。

　　　　　　二、風險管理措施。

　　　　　　三、內部稽核制度。

　　　　　　四、定期評估方式及異常情形處理。

第 十九 條　　公開發行公司從事衍生性商品交易，應採行下
　　　　　　　列風險管理措施：

　　　　　　一、風險管理範圍，應包括信用、市場價格、流動
　　　　　　　　性、現金流量、作業及法律等風險管理。

　　　　　　二、從事衍生性商品之交易人員及確認、交割等作
　　　　　　　　業人員不得互相兼任。

　　　　　　三、風險之衡量、監督與控制人員應與前款人員分

屬不同部門，並應向董事會或向不負交易或部
位決策責任之高階主管人員報告。

四、衍生性商品交易所持有之部位至少每週應評估
一次，惟若為業務需要辦理之避險性交易至少
每月應評估二次，其評估報告應呈送董事會授
權之高階主管人員。

五、其他重要風險管理措施。

第 二十 條　　公開發行公司從事衍生性商品交易，董事會應
依下列原則確實監督管理：

一、指定高階主管人員應隨時注意衍生性商品交易
風險之監督與控制。

二、定期評估從事衍生性商品交易之績效是否符合
既定之經營策略及承擔之風險是否在公司容
許承受之範圍。

董事會授權之高階主管人員應依下列原則管
理衍生性商品之交易：

一、定期評估目前使用之風險管理措施是否適當並
確實依本準則及公司所訂之從事衍生性商品
交易處理程序辦理。

二、監督交易及損益情形，發現有異常情事時，應採取
必要之因應措施，並立即向董事會報告，已設置獨
立董事者，董事會應有獨立董事出席並表示意見。

144

公開發行公司從事衍生性商品交易，依所訂從事衍生性商品交易處理程序規定授權相關人員辦理者，事後應提報董事會。

第二十一條　公開發行公司從事衍生性商品交易，應建立備查簿，就從事衍生性商品交易之種類、金額、董事會通過日期及依第十九條第四款、第二十條第一項第二款及第二項第一款應審慎評估之事項，詳予登載於備查簿備查。

公開發行公司內部稽核人員應定期瞭解衍生性商品交易內部控制之允當性，並按月稽核交易部門對從事衍生性商品交易處理程序之遵循情形，作成稽核報告，如發現重大違規情事，應以書面通知各監察人。

證券商管理規則節錄

第十九之一條　　證券商自行買賣外國有價證券及從事有關外國
　　　　　　　　衍生性金融商品避險交易，其結匯事宜應依外匯收
　　　　　　　　支或交易申報辦法之規定辦理。

　　　　　　　　　　證券商應僅能以客戶身分向經中央銀行許可
　　　　　　　　辦理衍生性外匯商品業務之指定銀行或國外金融
　　　　　　　　機構辦理避險交易。

　　　　　　　　　　證券商自行買賣外國有價證券，應於外匯
　　　　　　　　指定銀行依所選定幣別開立外匯存款專戶，有
　　　　　　　　關交割款項及國外費用之支付，均應以該專戶
　　　　　　　　存撥之。

第十九之三條　　證券商得於其營業處所經營衍生性金融商品交
　　　　　　　　易業務，並應依證券櫃檯買賣中心之規定辦理。

　　　　　　　　　　前項所稱衍生性金融商品交易，包括轉換公司
　　　　　　　　債資產交換、結構型商品、新臺幣利率衍生性商品
　　　　　　　　及債券衍生性商品交易。

第十九之四條　　證券商經營結構型商品交易業務而有連結外幣
　　　　　　　　金融商品者，應經中央銀行許可。

　　　　　　　　　　前項所稱結構型商品，係指保本型契約及股權
　　　　　　　　連結契約。

　　　　　　　　　　證券商經營以外幣計價連結國外金融商品之
　　　　　　　　結構型商品交易業務，應於外匯指定銀行開立外匯

存款專戶，有關交割款項及國外費用之支付，均應以該專戶存撥之。

　　證券商經營連結國外金融商品之結構型商品交易業務，有關交割款項、費用收付、結匯及提前解約或契約到期款項支付等，應依下列規定辦理：

一、以新臺幣計價者，與客戶間有關交割款項及費用收付，均應以新臺幣為之。其結匯事項應依外匯收支或交易申報辦法規定，利用客戶每年累積結匯金額，由證券商檢附下列文件向指定銀行辦理結匯：

(一)證券商填寫之結匯申報書。

(二)客戶委託證券商辦理結匯授權書。如證券商與客戶簽訂之結構型商品契約已明訂授權由證券商辦理結匯，得以證券商出具已獲授權辦理結匯之聲明書取代客戶之結匯授權書。

(三)客戶清冊，內容包括：案件編號、客戶帳號、姓名或名稱、個人或公司、行號、團體統一編號、身分證統一編號或外僑居留證號碼（有效期限須在一年以上）、出生日期（須年滿二十歲）及結匯金額等相關資料，供銀行查詢計入客戶之每年累積結匯金額。

二、以外幣計價者,與客戶間有關交割款項及費用收付,均應以外幣為之。客戶款項之支付得自其本人外匯存款戶轉帳撥付,如需辦理結匯者,由客戶透過外匯指定銀行依外匯收支或交易申報辦法之規定辦理。

三、客戶提前解約或契約到期時,證券商應按契約所載之計價幣別於交割日將客戶應收款項存入客戶之新臺幣或外匯存款帳戶。

證券商經營連結國外金融商品之結構型商品交易業務,應於次月五日前向外匯主管機關及證券櫃檯買賣中心申報連結國外金融商品之結構型商品交易業務之營業月報表及有關應付款項匯入客戶指定帳戶之變動情形表。

財團法人中華民國證券櫃檯買賣中心證券商營業處所經營
衍生性金融商品交易業務規則 94/2/23 公佈

第一章　總則

第　一　條　　本規則依證券商管理規則第十九條之三規定訂定之。

第　二　條　　證券商營業處所經營衍生性金融商品交易業
務，依本規則規定辦理；本規則未規定者，依本規
則之補充規範及本中心相關章則規定辦理。

第　三　條　　本規則所稱主管機關為行政院金融監督管理
委員會。

第二章　申請條件

第　四　條　　證券商營業處所經營衍生性金融商品交易業
務應向本中心提出申請，經本中心審查通過之資
格，持續有效無須逐年申請。未經申請並獲得本中
心同意，不得經營該業務。

第　五　條　　證券商申請營業處所經營衍生性金融商品交
易業務者，應具備下列條件：

一、須為同時經營證券經紀、承銷及自營業務之綜
合證券商，並取得櫃檯買賣債券自營商證照。

二、長期信用評等應達下列標準之一：

(一)中華信用評等股份有限公司評級 twBB-級以上。

(二)Standard & Poor's Corp.評級　BB-級以上。

(三)英商惠譽國際信用評等股份有限公司台灣
　　分公司 BB-（twn）級以上。

(四)Fitch,Inc.評級 BB-級以上。

(五)穆迪信用評等股份有限公司 Ba3.tw 級以上。

(六)Moody's Investors Service 評級 Ba3 級以上。

三、最近半年每月申報之自有資本適足比率均須逾
　　百分之二百。

四、未曾受下列處分：

(一)最近六個月未受證券交易法第六十六條第
　　二款或期貨交易法第一百條第一項第二款
　　以上之處分者。

(二)最近一年未曾受主管機關停業處分者。

(三)最近二年未曾受主管機關撤銷部分營業許
　　可之處分者。

(四)最近一年未曾受本中心依章則處以停止或
　　限制買賣者。

第　六　條　　外國證券商申請營業處所經營衍生性金融商
　　　　　　品交易業務者，得由其總公司提供其董事會同意函
　　　　　　或履約保證切結書後，由在中華民國境內之分支機
　　　　　　構或直接或間接持股百分之百之子公司在中華民
　　　　　　國境內設立之分支機構以該外國機構之名義向本
　　　　　　中心提出申請。其總公司所營事業與長期信用評等

並應分別符合前條第一款、第二款規定標準，自有
資本適足比率符合前條第三款類似標準，且申請日
之前半年未受其證券主管機關有類似前條第四款處
分情事，前開子公司及在中華民國境內分支機構所營
事業並應符合前條第一款規定。

第 七 條　　證券商申請營業處所經營衍生性金融商品交易業
　　　　　　務者，應向本中心繳納審查費新臺幣二十萬元整；經
　　　　　　依本規則規定終止業務經營資格後重行申請者亦同。

第 八 條　　證券商申請其營業處所經營衍生性金融商品交
　　　　　　易業務者，應提出之申請書件與檢附資料如附件一。
　　　　　　本中心對證券商申請案件審核要點如附件二。

第三章　各項衍生性金融商品及其交易

第 九 條　　證券商取得營業處所經營衍生性金融商品交
　　　　　　易業務資格者，得從事本章所訂下列契約之交易：

一、債券衍生性商品交易。

二、新台幣利率衍生性商品交易。

三、轉換公司債資產交換交易。

四、結構型商品交易。

第 十 條　　證券商與交易相對人從事衍生性金融商品交
　　　　　　易時，除本規則另有規定外，應與交易相對人簽訂
　　　　　　ISDA(Internatinal Swaps and Derivatives Association,
　　　　　　Inc.）總契約（Master Agreement）及附約，並就後

續之交易之約定事宜簽訂個別之交易確認書。上述
附約及確認書應以中文擬定，或以英中對照臚列條
款內容，以供交易相對人確認該次交易之相關交易
條件，但證券商之交易相對人如為金融機構、華僑
及外國人者，得採英文為之。

　　前項附約及確認書，應依各類交易之實務規
範，載明其商品類型、標的物及其他有關利益計算
之約定條件。

第 十一 條　證券商承作衍生性金融商品交易時，應就個別
交易相對人之財務、資金操作狀況及專業瞭解能
力，限制其交易額度。

第 十二 條　證券商經營衍生性金融商品交易業務而有連
結外幣金融商品者，應經中央銀行許可。

第一節　債券衍生性商品

第 十三 條　本規則所稱債券衍生性商品交易為下列契約
之交易：

一、債券遠期買賣斷交易：指證券商與交易相對人
約定，於未來特定日期，依特定價格及數量等
交易條件買賣約定之標的債券，或於到期時結
算差價之契約（以下簡稱遠期交易）。

二、債券選擇權交易：指證券商與交易相對人約
定，選擇權買方支付權利金，取得購入或售出

之權利，得於特定期間內，依特定價格及數量
等交易條件買賣約定之標的債券；選擇權賣方
於買方要求履約時，有依約履行義務；或雙方
同意於到期前或到期時結算差價之契約（以下
簡稱選擇權交易）。

第 十四 條　　證券商與交易相對人初次承作債券衍生性商
品交易時，得與交易相對人簽訂「債券衍生性商
易總契約」或依第十條第一項規定簽訂 ISDA 總契約。

前項「債券衍生性商品交易總契約」由本中心
另訂之。

第 十五 條　證券商與交易相對人從事債券衍生性商品交易之
標的債券為政府債券或其他上櫃之金融債券、公司
債（不含轉換公司債）及外國債券。

第 十六 條　　遠期交易成交日至給付結算日之期間，應為三
個營業日以上，一年以下。

選擇權交易之存續期間自成交日起算須一年以下。

第 十七 條　　證券商為債券衍生性商品交易時，對各標的債
券之淨買進面額或淨賣出面額均不得超過該債券
流通餘額的十分之一。

前項選擇權交易部位計算方法以證券商買進
買權加計賣出賣權視為買進部位、以買進賣權加計
賣出買權視為賣出部位。

第 十八 條　　證券商從事債券衍生性商品交易時，得與交易
　　　　　　　相對人約定以債券給付或現金結算方式辦理給付
　　　　　　　結算作業。

　　　　　　　　前項給付結算方式約定以債券給付者，證券商
　　　　　　　應於約定之給付結算日與交易相對人直接完成款
　　　　　　　券收付或依「中央登錄債券作業要點」規定辦理債
　　　　　　　券之給付，並依規定製發交付清單及給付結算憑單
　　　　　　　交由交易相對人簽章；採現金結算者應製發結算清
　　　　　　　單交由交易相對人簽章。

第 十九 條　　本中心於每日營業終了後，公告下列債券衍生
　　　　　　　性商品交易資訊：

　　　　　　　一、遠期交易：各天期遠期買賣成交之最高、最低、
　　　　　　　　　平均殖利率及營業金額。

　　　　　　　二、選擇權交易：各期次標的債券選擇權買進買權、
　　　　　　　　　賣出買權、買進賣權及賣出賣權契約本金總額。

第二節　新台幣利率衍生性商品

第 二十 條　　本規則所稱新台幣利率衍生性商品交易為以
　　　　　　　新台幣為結算貨幣，衍生自利率或其再衍生利益之
　　　　　　　下列契約之交易：

　　　　　　　一、遠期利率協定：指證券商與交易相對人約定，
　　　　　　　　　依其交易條件及利率指標，於未來特定期間結
　　　　　　　　　算差價之契約。

二、利率交換：指證券商與交易相對人約定，依其
交易條件及利率指標，於未來特定周期就不同
計息方式之現金收付定期結算差價之契約。

三、利率選擇權：指證券商與交易相對人約定，利
率選擇權買方支付權利金，於未來特定周期，
取得是否依交易條件及利率指標以結算差價
之權利，或於未來特定期間，取得是否依交易
條件承作利率交換之權利；利率選擇權賣方於
買方要求履約時，有依約定履行義務之契約。

證券商得依前項獲准經營之業務，辦理單項或
各該項業務之組合。

第一項規定之交易條件應包括證券商與交易
相對人約定之名目本金、利率、付息期間及契約期間。

第三節　轉換公司債資產交換交易

第二十一條　本規則所稱轉換公司債資產交換交易為下列
契約之交易：

一、固定收益端交易：係指證券商以其承銷取得或
自營持有之櫃檯買賣轉換公司債（以下簡稱轉
換公司債）部位為交易標的，與交易相對人約
定，證券商除取得在契約到期日前得隨時買回
該轉換公司債之選擇權外，並得以其與交易相
對人交易轉換公司債之成交金額作為契約名

目本金,在契約期限內,以約定之利息報酬與
交易相對人就該轉換公司債所生之債息與利
息補償金進行交換。

交換標的為上市或上櫃公司股票之交換
公債,亦得為證券商資產交換之標的,並準用
本規則中轉換公司債之相關規定。

二、選擇權端交易:係指證券商將其依前款規定取
得之買回轉換公司債選擇權再行售予第三
人,或指證券商以其所持有之轉換公司債部
位,售予交易相對人買入該轉換公司債之選擇
權交易。

第二十二條　　證券商與交易相對人從事轉換公司債資產交
換選擇權端交易前,應先與交易相對人簽訂總約定
書,並與交易相對人針對將承作之交易分別簽訂契
約以規範雙方之權利與義務。

證券商與交易相對人簽訂之契約,應明確約定
遇發行公司依發行條件提前贖回原轉換公司債
時,證券商之買回權利自動提前行使並終止該轉換
公司債資產交換交易契約之價格與方式。

第二十三條　　證券商從事轉換公司債資產交換交易者,於契
約成交日、向交易相對人買回轉換公司債交易日、
選擇權行使日並應依本中心「證券商營業處所買賣

有價證券業務規則」（以下簡稱業務規則）第八十三
條、轉換公司債暨債券換股權利證書買賣辦法第十七
條及台灣證券集中保管股份有限公司業務操作辦法
相關規定，透過台灣證券集中保管股份有限公司辦理
劃撥給付。

第二十四條　　證券商與交易相對人從事轉換公司債資產交換
交易前，應由交易相對人依本中心業務規則第四章
第三節之規定先完成開戶作業。

第四節　結構型商品

第二十五條　　本規則所稱結構型商品交易為下列契約之交易：

一、股權連結商品交易：係由固定收益商品再加上
國內、外股權或股權指數性質之選擇權所組合
而成之衍生性金融商品交易。在該項商品交易
中，證券商與交易相對人約定，證券商依交易
條件賣出固定收益商品，並同時向交易相對人
買入於未來特定日到期之國內、外股權或股權
指數性質之選擇權。本商品交易之契約期間應
介於二十八天至三年之間。證券商基於維護交
易相對人權益，應與其約定選擇權履約利益不
高於其所交付之交易價金。

二、保本型商品交易：係由固定收益商品再加上參
與分配連結國內、外標的資產報酬之權利所組

合而成之衍生性金融商品交易。在該項商品交易中，證券商與交易相對人約定，證券商依交易條件賣出具一定保障程度之固定收益商品，並同時由交易相對人取得於未來特定日到期參與分配連結國內、外標的資產報酬之權利。本商品交易之契約期間應介於一個月至十年之間，前述一定保障程度除提前解約者外，不得低於交易價金之百分之八十。

前項各款之交易條件應包括證券商與交易相對人約定之交易價金、交易幣別、契約本金、連結標的資產成分、利率、付息期間、契約期間及其他權利義務事項。

結構型商品之連結標的範圍如附件三。

第二十六條　證券商與交易相對人從事結構型商品交易前，應先與交易相對人簽訂總約定書，並與交易相對人針對將承作之交易分別簽訂契約以規範雙方之權利與義務。

證券商與交易相對人簽訂之交易契約，應明確約定到期償還契約名目本金之條件、違約之賠償與處置。證券商經營連結國外金融商品之結構型商品交易業務，採新臺幣計價者，其涉及之結匯相關事宜，應於契約中載明，依外匯收支或交易申報辦法

規定辦理並計入交易相對人每年累計結匯金額。

　　證券商承作結構型商品除應於交易契約中載明交易糾紛之申訴管道外，於實際發生交易糾紛情事時，應即依照證券商內部控制制度所訂之營業紛爭處理程序辦理。

第二十七條　　結構型商品履約給付方式，得由雙方依約定價格以現金結算或由證券商以避險專戶之部位依台灣證券集中保管股份有限公司業務操作辦法相關規定給付連結標的。

第二十八條　　證券商與交易相對人從事結構型商品交易並約定履約方式採證券給付時，應由交易相對人依本中心業務規則第四章第三節之規定先完成開戶作業。

第二十九條　　證券商經營以外幣計價連結國外金融商品之結構型商品交易業務，應於外匯指定銀行開立外匯存款專戶，有關交割款項及國外費用之收付，均應以該專戶存撥之。

第 三十 條　　證券商經營連結國外金融商品之結構型商品交易業務，有關交割款項、費用之收付、結匯及提前解約或契約到期款項支付等，應依下列規定辦理：

一、以新臺幣計價者，與交易相對人間有關交割款項及費用收付，均應以新臺幣為之。其結匯事項應依外匯收支或交易申報辦法規定，利用交

易相對人每年累積結匯金額，由證券商檢附下
列文件向指定銀行辦理結匯：

(一) 證券商填寫之結匯申報書。

(二) 交易相對人委託證券商辦理結匯授權書。如
證券商與交易相對人簽訂之結構型商品契
約已明訂授權由證券商辦理結匯，得以證券
商出具已獲授權辦理結匯之聲明書取代交
易相對人之結匯授權書。

(三) 交易相對人清冊，內容包括：案件編號、交
易相對人帳號、姓名或名稱、個人或公司、
行號、團體統一編號、身分證統一編號或外
僑居留證號碼（有效期限須在一年以上）、
出生日期（須年滿二十歲）及結匯金額等相
關資料，供銀行查詢計入交易相對人之每年
累積結匯金額。

二、以外幣計價者，與交易相對人間有關交割款項
及費用收付，均應以外幣為之。交易相對人款
項之支付得自其本人外匯存款戶轉帳撥付，如
需辦理結匯者，由交易相對人透過外匯指定銀
行依外匯收支或交易申報辦法之規定辦理。

三、交易相對人提前解約或契約到期時，證券商應
按契約所載之計價幣別於交割日將交易相對

人應收款項存入交易相對人之新臺幣或外匯存款帳戶。

證券商經營連結國外金融商品之結構型商品交易業務，應於次月五日前向外匯主管機關及本中心申報連結國外金融商品之結構型商品交易業務之營業月報表及有關應付款項匯入交易相對人指定帳戶之變動情形表。

第三十一條　　證券商從事結構型商品交易者，應於交易契約存續期間透過本中心資訊系統依規定之格式逐日申報避險資訊。其申報之預計避險部位與實際避險部位最近六個營業日內有三個營業日差異逾正負百分之二十時，除差異數不足一成交單位或本中心另有規定者外，本中心得要求證券商說明原因並進行實地瞭解，如發現其說明顯欠合理時，得予計點乙次，計點累計達三次者，限制其未來一個月內不得承作結構型商品交易。若差異逾正負百分之五十時，除差異數不足一成交單位或本中心另有規定者外，本中心得強制證券商執行避險沖銷策略。

前項證券商從事結構型商品交易所採之避險方式，得以其所承作同一標的證券之結構型商品之避險部位抵用，或委託其他機構避險。

本中心應定期或不定期針對證券商之避險相關作業進行實地查核。

證券商經營結構型商品交易業務應按月編製結構型商品資金運用明細表（附件四），留存備查。

外國證券商承作結構型商品交易所得之交易價金，應出具俟其交易到期後始匯出國內之承諾書，但連結國外金融商品而有將交易價金匯出國內之需求者，不在此限。

第三十二條　證券商承作結構型商品所得交易價金限於投資國內、外之固定收益商品、連結標的證券、指數型基金及從事與交易幣別及連結標的相關之避險性的期貨或衍生性金融商品交易。但大陸地區金融商品及摩根台指期貨除外。

第三十三條　證券商承作結構型商品應依下列標準繳交履約保證金予本中心：

一、信用評等達中華信用評等股份有限公司或 Standard & Poor's Corp. 評級（tw）BBB+級以上、英商惠譽國際信用評等股份有限公司台灣分公司或 Fitch, Inc. 評級 BBB+（twn）級以上、穆迪信用評等股份有限公司或 Moody's Investors Service 評級 Baa1（tw）級以上之長期信用評等者，應依其結構型商品契約流通餘額提撥百分之三。

二、未達前款信用評等標準但中華信用評等股份有
限公司或 Standard & Poor's Corp.評級（tw）
BBB-級以上、英商惠譽國際信用評等股份有限
公司台灣分公司或 Fitch,Inc.評級 BBB-（twn）
級以上、穆迪信用評等股份有限公司或
Moody's Investors Service 評級 Baa3（tw）級
以上之長期信用評等者，應依其結構型商品契
約流通餘額提撥百分之五。

三、其他信用評等資格者應依其結構型商品契約流
通餘額提撥百分之十。

證券商繳交前項履約保證金，得以現金、銀行
定期存款存單或中央政府公債為之，並應按月依契
約流通餘額及信用評等之變動，於每月十日前向本
中心辦理履約保證金之增補或退還。

第四章　交易規範

第三十四條　　證券商營業處所經營衍生性金融商品交易業
務如有逾越本規則規定範圍，應視為不同之他種衍
生性金融商品，證券商未依相關法規申請獲准經
營，或未經相關主管機關核准，不得逕行辦理。

第三十五條　　證券商不得與具有下列關係者從事衍生性金
融商品交易：

一、證券商之董事、監察人、經理人或直接或間接
　　持有其股份總額百分之十以上之股東。

二、第一款身分者之配偶、未成年子女及利用他人
　　名義持有者。

三、前二款身分者直接或間接持有股份總額百分之
　　十以上之轉投資公司。

　　證券商從事轉換公司債資產交換交易或結構
型商品交易時，亦不得與相關轉換標的或連結標的
之股票發行公司及與該發行公司具前項身分關係
者從事交易。

　　證券商與交易相對人從事衍生性金融商品交
易前，應由交易相對人簽署出具切結書聲明非屬第
一項及第二項所列之關係人。

第三十六條　　證券商與交易相對人從事衍生性金融商品交
　　　　　　　易，應對交易相對人提交風險預告書。並於風險預
　　　　　　　告書或個別確認書以粗黑體或其他明顯字體標示
　　　　　　　最大可能之風險或保本比率，以及主要風險說明，例
　　　　　　　如流動性風險、匯兌風險、利率風險、稅賦風險及提
　　　　　　　前解約風險等。

　　　　　　　　　前項交易相對人如係屬金融、保險、證券及境
　　　　　　　外投資機構等機構法人時，得免交付其風險預告書。

第三十七條　　證券商營業處所經營衍生性金融商品交易業務，應依主管機關發布之「公開發行公司取得或處分資產處理準則」規定辦理，並訂定從事該項衍生性金融商品交易之處理程序或納入既有之從事衍生性金融商品交易處理程序，進行必要之風險管制與資訊公開，同時須納入既有之內部控制及內部稽核制度或實施細則中予以管控。

證券商於申請營業處所經營衍生性金融商品交易業務前，應完成其內部控制與內部稽核制度之修訂。相關之控制與稽核重點由本中心另訂之。

第三十八條　　前條處理程序內容中應記載之交易原則與方針，須包含全部或單一交易相對人之契約限額、全部或個別契約之停損規定、交易相對人篩選與徵信政策、避險策略、績效評估程序與要領、行情資訊設備與資料、會計處理及報表揭露方式、交易與風險控管人員之經驗要求與相關訓練規定，以及核定交易之權責劃分等規定。

前項行情資訊設備與資料應能確保相關市場資訊之即時性與正確性。

第三十九條　　證券商經營連結國外金融商品之衍生性金融商品交易業務時，其交易與風險控管人員應具備曾經從事所連結標的市場之相關工作經歷。

第 四十 條　　證券商營業處所經營衍生性金融商品交易業
　　　　　　務，應依主管機關「證券商財務報告編製準則」、
　　　　　　財團法人中華民國會計研究發展基金會「財務會計
　　　　　　準則第二十七號公報」、「財務會計準則第三十四
　　　　　　號公報」及主管機關相關函令關於衍生性金融商品
　　　　　　會計揭露之規定辦理，並於財務報表本身或附註揭
　　　　　　露該種交易契約之名目本金金額、交易性質與條件
　　　　　　（至少包括該交易之信用風險、市場風險及可能之
　　　　　　流動性風險，交易之現金流量，相關會計政策）等
　　　　　　資訊。

　　　　　　　　前項衍生性金融商品交易之相關會計處理分
　　　　　　錄由本中心另訂之。

第四十一條　　證券商營業處所經營衍生性金融商品交易業
　　　　　　務除應依「公開發行公司取得或處分資產處理準
　　　　　　則」規定辦理資訊公開外，另應於每月向本中心申
　　　　　　報月計表時，併同檢送其所從事該衍生性金融商品
　　　　　　交易之內容條件、已實現與未實現損益等資料貳份
　　　　　　供本中心稽核人員核驗備查。

　　　　　　　　前項併同申報資料之格式如附件五。

第四十二條　　證券商於衍生性金融商品交易成交後，應即將
　　　　　　其成交資料及流通餘額依本中心規定之時間及格
　　　　　　式，輸入本中心之資訊系統。

第四十三條　　證券商營業處所經營衍生性金融商品交易業務，
　　　　　　　應依主管機關「證券商管理規則」相關規定，計算承
　　　　　　　作交易部位之市場風險約當金額及交易對象風險之
　　　　　　　約當金額，以納入證券商自有資本適足比率計算。

　　　　　　　證券商營業處所經營衍生性金融商品交易業務之
　　　　　　　交易額度，由本中心擬訂報請主管機關核定後公告之。

第四十四條　　證券商取得營業處所經營衍生性金融商品交
　　　　　　　易業務資格後，應每年辦理信用評等，並於接獲評
　　　　　　　等報告後七個營業日內檢具評等報告書向本中心申
　　　　　　　報信用評級。信用評級變動者，其承作總額度依變動
　　　　　　　後之評級定之。

　　　　　　　證券商取得營業處所經營衍生性金融商品交
　　　　　　　易業務資格後自有資本適足比率低於百分之二百
　　　　　　　者，其經營風險約當金額雖未逾越承作總額度，仍
　　　　　　　不得為新增交易，須俟自有資本適足比率達百分之
　　　　　　　二百時，始得為之。

　　　　　　　除前二項之定期審核外，本中心得要求證券商
　　　　　　　提供相關文件進行專案審核，必要時並得限制其承
　　　　　　　作總額度。

第五章　違規處理

第四十五條　　證券商有下列情事之一者，本中心得通知其限
　　　　　　　期補正或改善：

一、違反第十條、第十一條、第十四條、第十八條、
第二十二條至第二十八條、第三十二條至第三
十六條、第三十八條之規定。

二、未依申請書之相關內容從事衍生性金融商品
交易。

三、自有資本適足比率未達百分之二百。

四、未依所訂「從事衍生性金融商品交易處理程序」
規定或內部控制、內部稽核制度規定執行者。

五、違反本中心其他章則、辦法、作業程序、作業
要點、注意事項、補充規範、公告、通函等有
關規定。

第四十六條　　證券商有下列情事之一者，本中心得予以警
告，並通知其限期補正或改善：

一、違反第十六條、第十七條、第二十九條至第三
十一條、第三十七條、第三十九條至第四十四
條規定者。

二、未依前條所定期限補正或改善者。

第四十七條　　證券商有下列情事之一者，本中心得課以新台
幣五萬元以上，三十萬元以下之違約金：

一、違反第四條、第十二條、第十五條規定者。

二、未依前條所定期限補正或改善者。

第四十八條　　證券商有左列情事之一者，本中心得停止或終止其經營衍生性金融商品交易業務，但已交易之商品其效力不受影響：

一、依前條第二款規定處以違約金，最近半年內達三次以上者。

二、未依前條第二款規定繳納違約金者。

三、未符第五條第二項第一款、第二款條件者。

四、證券商自有資本適足比率連續三個月未達百分之二百者。

五、受主管機關依證券交易法第六十六條第二款或期貨交易法第一百條第一項第二款以上之處分者。

　　證券商因前項各款情事之一經停止或終止其經營衍生性金融商品交易業務之資格者，得於原因消滅且無該項其他各款原因時，檢具相關證明文件申請恢復業務資格，本中心得於覆核確實後，恢復其經營該業務。

第六章　附則

第四十九條　　本中心得對本規則及本規則所訂之個別衍生性金融商品另訂注意事項及其他補充之規範。

第 五十 條　　本規則經本中心董事會通過報請主管機關核定後公告施行；修正時亦同。

　　本規則附件之增刪及修正經本中心總經理核定後公告實施。

財團法人中華民國證券櫃檯買賣中心櫃檯買賣證券商經營新台幣利率衍生性商品交易業務作業要點

一、本作業要點依據財團法人中華民國證券櫃檯買賣中心（以下簡稱本中心）「證券商營業處所買賣有價證券業務規則」（以下簡稱業務規則）第三十九條之規定訂定。

二、本作業要點所稱新台幣利率衍生性商品交易，指櫃檯買賣證券商（以下簡稱證券商）從事以新台幣為結算貨幣，衍生自貨幣市場利率或其再衍生利益之下列契約之交易：

(一)遠期利率協定：指當事人約定，依其交易條件及利率指標，於未來特定期間結算差價之契約。

(二)利率交換：指當事人約定，依其交易條件及利率指標，於未來特定周期就不同計息方式之現金收付定期結算差價之契約。

(三)利率選擇權：指當事人約定，利率選擇權買方支付權利金，於未來特定周期，取得是否依交易條件及利率指標以結算差價之權利，或於未來特定期間，取得是否依交易條件承作利率交換之權利；利率選擇權賣方於買方要求履約時，有依約定履行義務之契約。

前項交易條件應包括當事人約定之名目本金、利率、付息期間及契約期間。

三、證券商經營新台幣利率衍生性商品交易業務應向本中心
提出申請，經本中心核准通過之資格，持續有效，無須逐
年申請。未經申請並獲得本中心核准，不得經營該業務。

證券商得依前項獲准經營之業務，辦理單項或各該項
業務之組合。

證券商依第一項規定申辦新台幣利率衍生性商品交
易業務，其應提出之申請書件與檢附資料如附表一。本中
心對證券商申請案件審核要點如附表二。

四、證券商申請經營新台幣利率衍生性商品交易業務須具備
下列資格條件：

(一)須為同時經營證券經紀、承銷及自營業務之綜合證券商。

(二)應取得中華信用評等股份有限公司評級 twBB- 級以上
或英商惠譽國際信用評等股份有限公司台灣分公司 BB-
（twn）級以上或穆迪信用評等股份有限公司 Ba3.tw 級
以上或 Moody's Investors Service 評級 Ba3 以上或
Standard & Poor's Corp. 評級 BB- 級以上或 Fitch, Inc. 評級
BB- 之長期信用評等。

(三)申請日之前半年每月申報之自有資本適足比率均須逾
百分之二百。

(四)未曾受下列處分：

1. 最近六個月未受證券交易法第六十六條第一項第二
款或期貨交易法第一百條第一項第二款以上之處分者。

171

2. 最近一年未受主管機關停業處分者。

3. 最近二年未主管機關撤銷部分營業許可之處分者。

4. 最近一年未受本中心依章則處以停止或限制買賣處分者。

　　外國證券商在臺設分支機構者，得由其總公司提供其董事會同意函或履約保證切結書後向本中心提出申請；其總公司所營事業與長期信用評等並應分別符合前項第一款、第二款規定標準，且申請日之前半年未受其證券主管機關有類似前項第四款處分情事。

五、證券商經營新台幣利率衍生性商品交易業務如有逾越本作業要點規定範圍，或與其他有價證券或金融商品

　　或業務有組合、套裝之情形，應視為不同之他種衍生性金融商品，證券商未依相關法規申請獲准經營，或

　　未經相關主管機關核准，不得逕行辦理。

六、證券商不得與其董事、監察人、經理人或直接或間接持有其股份總額百分之十以上之股東，或其直接或間

　　接持有股份總額百分之十以上之轉投資公司從事新台幣利率衍生性商品交易。

七、證券商經營新台幣利率衍生性商品交易業務，其未到期契約本金總額，應不得超過下列額度：

(一)取得中華信用評等股份有限公司評級 twA-級以上或英商惠譽國際信用評等股份有限公司台灣分公司 A-(twn)級以上或穆迪信用評等股份有限公司 A3.tw 級以上或

Moody's Investors Service 評級 A3 級以上或 Standard & Poor's Corp.評級　A-級以上或 Fitch,Inc.評級 A-級以上之長期信用評等者，其新台幣利率衍生性商品交易未到期契約本金總額合計不得超過該證券商資本淨值之四倍。

(二)未達前款信用評等級標準，僅取得中華信用評等股份有限公司評級 twBBB-級以上或英商惠譽國際信用評等股份有限公司台灣分公司 BBB-（twn）級以上或穆迪信用評等股份有限公司 Baa3.tw 級以上或 Moody's Investors Service 評級 Baa3 級以上或 Standa-rd & Poor's Corp.評級 BBB-級以上或 Fitch,Inc.評級　BBB-級以上之信用評等者，其新台幣利率衍生性商品交易未到期契約本金總額合計不得超過該證券商資本淨值之三倍。

(三)未達前二款信用評等級標準，僅取得中華信用評等股份有限公司評級 twBB+級以上或英商惠譽國際信用評等股份有限公司台灣分公司 BB+（twn）級以上或穆迪信用評等股份有限公司 Ba1.tw 級以上或 Moody's Investors Service 評級 Ba1 級以上或 Standa-rd & Poor's Corp.評級 BB+級以上或 Fitch, Inc.評級　BB+級以上之信用評等者，其新台幣利率衍生性商品交易未到期契約本金總額合計不得超過該證券商資本淨值之二倍。

(四)未達前三款信用評等級標準，僅取得中華信用評等股份有限公司評級 twBB-級以上英商惠譽國際信用評等股份

有限公司台灣分公司 BB-（twn）級以上或穆迪信用評
等股份有限公司 Ba3.tw 級以上或 Moody's Investors
Service 評級 Ba3 級以上或 Standard & P-oor's Corp.評級
BB-級以上或 Fitch,Inc.評級 BB-級以上之信用評等者，
其新台幣利率衍生性商品交易未到期契約本金總額合
計不得超過該證券商資本淨值。

八、證券商與客戶從事新台幣利率衍生性商品交易前，應對客
戶提交風險預告書，說明該交易之架構與特性，並以粗黑
體字體標示最大可能之風險。但證券商之客戶屬銀行、保
險、證券、境外投資機構等機構法人時，得免交付。

九、證券商與客戶從事新台幣利率衍生性商品交易前，應先與
客戶簽訂 ISDA（Internatinal Swaps and Derivatives
Association, Inc.）總契約（Master Agreement），並就後續
之交易之約定事宜簽訂個別之交易附約及確認書。上述交
易附約及確認書應以中文擬定，或以英中對照臚列條款內
容，以供客戶確認該次交易之相關交易條件，但證券商之
客戶如為金融機構、華僑及外國人者，得採英文為之。

前項交易附約及確認書，應依各類交易之實務規範，
載明其商品類型、標的物及其他有關利益計算之約定條件。

十、證券商經營新台幣利率衍生性商品交易業務，應依主管機
關發布之「公開發行公司從事衍生性金融商品交易處理要
點」規定辦理，並訂定從事該項衍生性金融商品交易之處

理程序或納入既有之「從事衍生性金融商品交易處理程序」，進行必要之風險管制與資訊公開，同時須納入既有之內部控制及內部稽核制度或實施細則中予以管控。

　　證券商於申請經營新台幣利率衍生性商品交易業務前，應完成其內部控制與內部稽核制度之修訂。相關之控制與稽核重點由本中心另訂之。

十一、證券商經營新台幣利率衍生性商品交易業務，應依主管機關「證券商管理規則」相關規定，計算承作交易部位之市場風險約當金額，及交易對象風險之約當金額，以納入證券商自有資本適足比率計算。

十二、證券商經營新台幣利率衍生性商品交易業務，應依主管機關「證券商財務報告編製準則」、「公開發行公司從事衍生性金融商品交易財務報告應行揭露事項注意要點」、財團法人中華民國會計研究發展基金會「財務會計準則第二十七號公報」及主管機關相關函令關於衍生性金融商品會計揭露之規定辦理，並於財務報表本身或附註揭露該種交易契約之名目本金金額、交易性質與條件（至少包括該交易之信用風險、市場風險及可能之流動性風險，交易之現金流量，相關會計政策）等資訊。

　　證券商經營新台幣利率衍生性商品交易業務，其會計帳務與分錄，應依本中心公告方式處理。

一三、證券商經營新台幣利率衍生性商品交易業務，應於契約
　　　成交之次一營業日內將其成交資訊依規定之格式及時
　　　間輸入本中心之資訊系統，或將成交檔案傳輸予本中
　　　心，並於其營業處所揭示之。

一四、證券商經營新台幣利率衍生性商品交易業務除應依「公
　　　開發行公司取得或處分資產處理準則」規定辦理資訊公
　　　開外，另應於每月向本中心申報月計表時，併同檢送其
　　　所從事該衍生性金融商品交易之內容條件、已實現與未
　　　實現損益，與其因承銷取得或自營持有之固定或浮動利
　　　率資產，及其本身之固定或浮動利率負債部位等資料貳
　　　份供本中心稽核人員核驗備查。

　　　　　前項併同申報資料之報表格式如附表三之一、三之二。

十五、證券商經發現有未依第三點第一項規定向本中心提出申
　　　請並獲得核准而擅自經營新台幣利率衍生性商品交易
　　　業務者，本中心得課以新台幣五萬元以上，三十萬元以
　　　下之違約金，並函報主管機關處理。

十六、證券商有左列情事之一者，本中心得通知其限期改善：

　　(一)違反第五點、第六點、第八點、第九點、第十一點、第
　　　　十二點第一項、第十三點、第十四點之規定。

　　(二)自有資本適足比率未達第四點第一項第三款標準、未依
　　　　該證券商所訂定「從事衍生性金融商品交易處理程序」
　　　　規定或內部控制、內部稽核制度規定執行者。

十七、證券商有左列情事之一者，本中心得予以警告，並通知
　　　其限期補正或改善：

　(一)違反第七點之規定者。

　(二)未依第十六點所定期限補正或改善者。

十八、證券商有左列情事之一者，本中心得課以新台幣五萬元
　　　以上，三十萬元以下之違約金：

　(一)經發現有未依第三點第一項規定向本中心提出申請並
　　　獲得核准，而擅自經營新台幣利率衍生性金融商品交易
　　　業務者。

　(二)未依第十七點所定期限補正或改善者。

十九、證券商有左列情事之一者，本中心得停止或終止其經營
　　　新台幣利率衍生性商品交易業務，但已約定之交易其效
　　　力不受影響：

　(一)未依第十八點規定所定期限改善者，

　(二)自有資本適足比率連續三個月未達百分之二百者、信用
　　　評等低於本要點第四點第一項規定者、受主管機關依證
　　　券交易法第六十六條第一項第二款或期貨交易法第一
　　　百條第一項第二款以上之處分者。

　(三)喪失第四點第一項第一款資格者。

　　　　　前項第一款與第二款所定情形，於其改善並經本中
　　　心覆核確實後，本中心得恢復其經營該業務。

二十、本作業要點經報請主管機關核定後實施，修正時亦同。

財團法人中華民國證券櫃檯買賣中心櫃檯買賣證券商從事轉換公司債資產交換暨結構型商品交易作業要點

一、本作業要點依財團法人中華民國證券櫃檯買賣中心（以下簡稱本中心）「證券商營業處所買賣有價證券業務規則」（以下簡稱業務規則）第三十九條之規定訂定。

二、本作業要點所稱轉換公司債資產交換暨結構型商品交易，指櫃檯買賣證券商（以下簡稱證券商） 經依本作業要點規定取得本中心核准，從事下列契約之交易：

(一)轉換公司債資產交換交易：

1. 係指證券商就其因承銷取得或自營持有之櫃檯買賣轉換公司債（以下簡稱轉換公司債） 部位為交易標的，與交易相對人進行之衍生性金融商品交易。在雙方簽訂之交易契約中，證券商除取得在契約到期日前得隨時向交易相對人買回該轉換公司債之選擇權外，並得以證券商與交易相對人交易轉換公司債之成交金額作為契約名目本金，約定在該契約之期限內，以約定之利息報酬與交易相對人就該轉換公司債所生之債息與利息補償金進行交換。前述證券商並得將其依前款規定取得之買回轉換公司債選擇權再行售予第三人。

2. 或指證券商以其所持有之轉換公司債部位，售予交易相對人買入該轉換公司債之選擇權交易。

(二)結構型商品交易：

1. 股權連結商品交易：係由固定收益商品再加上國內、外股權或股權指數性質之選擇權所組合而成之衍生性金融商品交易。在該項商品交易中，證券商與交易相對人約定，證券商依交易條件賣出固定收益商品，並同時向交易相對人買入於未來特定日到期之國內、外股權或股權指數性質之選擇權。本商品交易之契約期間應介於二十八天至三年之間。證券商基於維護交易相對人權益，應與其約定選擇權履約利益不高於其所交付之交易價金。

2. 保本型商品交易：係由固定收益商品再加上參與分配連結國內、外標的資產報酬之權利所組合而成之衍生性金融商品交易。在該項商品交易中，證券商與交易相對人約定，證券商依交易條件賣出具一定保障程度之固定收益商品，並同時由交易相對人取得於未來特定日到期參與分配連結國內、外標的資產報酬之權利。本商品交易之契約期間應介於一個月至十年之間，前述一定保障程度除提前解約者外，不得低於交易價金之百分之八十。

前項結構型商品履約給付方式，得由雙方依約定價格以現金結算或由證券商以避險專戶之部位依台灣證券集中保管股份有限公司業務操作辦法相關規定給付連結標的。

　　　　第一項結構型商品之交易條件應包括證券商與交易
相對人約定之交易價金、交易幣別、契約本金、連結標的
資產成分、利率、付息期間、契約期間及其他權利義務事項。
　　　　第一項結構型商品之連結標的範圍如附表一。

三、證券商經營轉換公司債資產交換或結構型商品交易業務應向
　　本中心提出申請，經本中心核准通過之資格，持續有效，無
　　須逐年申請。未經申請並獲得本中心核准，不得經營該業務。

　　　　證券商依前項規定申辦轉換公司債資產交換或結構型商
品交易業務，其應提出之申請書件與檢附資料如附表二、三。

　　　　證券商經營結構型商品交易業務而有連結外幣金融
商品者，應經中央銀行許可。

四、證券商申請經營轉換公司債資產交換或結構型商品交易
　　業務須具備下列資格條件：

(一)須為同時經營證券經紀、承銷及自營業務之綜合證券商，
　　並取得櫃檯買賣債券自營商證照。

(二)應取得中華信用評等股份有限公司評級 twBB-級以上或英
　　商惠譽國際信用評等股份有限公司台灣分公司 BB-（twn）
　　級以上或穆迪信用評等股份有限公司 Ba3.tw 級以上或
　　Moody's Investors Service 評級 Ba3 以上或 Standard & Poor's
　　Corp.評級 BB-級以上或 Fitch,Inc.評級 BB-之長期信用評等。

(三)申請日之前半年每月申報之自有資本適足比率均須逾
　　百分之二百。

(四)未曾受下列處分：

1. 最近六個月未曾受主管機關依證券交易法第六十六條第一項第二款或期貨交易法第一百條第一項第二款以上之處分者。

2. 最近一年未曾受主管機關停業處分者。

3. 最近二年未曾受主管機關撤銷部分營業許可之處分者。

4. 最近一年未曾受本中心依章則處以停止或限制買賣處分者。

外國證券商在臺設分支機構者，得由其總公司提供其董事會同意函或履約保證切結書後向本中心提出申請；其總公司所營事業與長期信用評等並應分別符合前項第一款、第二款規定標準，且申請日之前半年未受其證券主管機關有類似前項第四款處分情事。

證券商申請從事結構型商品交易資格者，應向本中心繳納審查費新臺幣二十萬元整；經終止經營結構型商品交易後，重行申請交易資格者亦同。

五、證券商經營以外幣計價連結國外金融商品之結構型商品交易業務，應於外匯指定銀行開立外匯存款專戶，有關交割款項及國外費用之收付，均應以該專戶存撥之。

六、證券商經營連結國外金融商品之結構型商品交易業務，有關交割款項、費用之收付、結匯及提前解約或契約到期款項支付等，應依下列規定辦理：

(一)以新臺幣計價者，與客戶間有關交割款項及費用收付，
均應以新臺幣為之。其結匯事項應依外匯收支或交易申
報辦法規定，利用客戶每年累積結匯金額，由證券商檢
附下列文件向指定銀行辦理結匯：

1. 證券商填寫之結匯申報書。

2. 客戶委託證券商辦理結匯授權書。如證券商與客戶簽
訂之結構型商品契約已明訂授權由證券商辦理結
匯，得以證券商出具已獲授權辦理結匯之聲明書取代
客戶之結匯授權書。

3. 客戶清冊，內容包括：案件編號、客戶帳號、姓名或名
稱、個人或公司、行號、團體統一編號、身分證統一編
號或外僑居留證號碼（有效期限須在一年以上）、出生
日期（須年滿二十歲）及結匯金額等相關資料，供銀行
查詢計入客戶之每年累積結匯金額。

(二)以外幣計價者，與客戶間有關交割款項及費用收付，均
應以外幣為之。客戶款項之支付得自其本人外匯存款戶
轉帳撥付，如需辦理結匯者，由客戶透過外匯指定銀行
依外匯收支或交易申報辦法之規定辦理。

(三)客戶提前解約或契約到期時，證券商應按契約所載之計
價幣別於交割日將客戶應收款項存入客戶之新臺幣或
外匯存款帳戶。

證券商經營連結國外金融商品之結構型商品交易業
務，應於次月五日前向外匯主管機關及本中心申報連結國

外金融商品之結構型商品交易業務之營業月報表及有關
應付款項匯入客戶指定帳戶之變動情形表。

七、證券商經營轉換公司債資產交換或結構型商品交易業務
如有逾越本作業要點規定範圍，或與其他有價證券或金融
商品或業務有組合、套裝之情形，應視為不同之他種衍生
性金融商品，證券商未依相關法規申請獲准經營，或未經
相關主管機關核准交易，不得逕行辦理。

八、證券商不得與本公司或連結股票發行公司之董事、監察人、經
理人或直接或間接持有其股份總額百分之十以上之股東、前述
身分者之配偶、未成年子女及利用他人名義持有者，或其直接
或間接持有股份總額百分之十以上之轉投資公司從事轉換公司
債資產交換或結構型商品交易。

九、證券商與交易相對人從事轉換公司債資產交換或結構型商
品交易前，應對交易相對人提交風險預告書，除說明該交易
之架構與特性，並以粗黑體字體標示最大可能之風險。

　　前項交易相對人如係屬金融、保險、證券等機構法人
時，得免交付。

十、證券商與交易相對人從事轉換公司債資產交換前或結構
型商品履約方式採證券給付時，應由交易相對人依本中心
業務規則第四章第三節之規定先完成開戶作業。

　　證券商與交易相對人從事轉換公司債資產交換前，應由
交易相對人簽署出具切結書聲明非屬第八點所列關係人。

　　證券商與交易相對人從事轉換公司債資產交換交易前，應先與交易相對人簽訂 ISDA（International Swaps and Derivatives Association, Inc.）總契約（Master Agreement）及附約（Schedule），並就後續之交易之約定事宜簽訂個別之交易確認書。上述交易附約及確認書應以中文擬定，或以英中對照臚列條款內容，但證券商之交易相對人如為金融機構、華僑及外國人者，得採英文為之。

　　證券商與交易相對人從事結構型商品交易前，應先與交易相對人簽訂總約定書，並與交易相對人針對將承作之交易分別簽訂契約以規範雙方之權利與義務。

　　證券商與交易相對人簽訂之交易契約，應與交易相對人明確約定到期償還契約名目本金之條件、違約之賠償與處置。轉換公司債資產交換交易之契約內容須約定遇發行公司依發行條件提前贖回原轉換公司債時，證券商之買回權利自動提前行使並終止該轉換公司債資產交換交易契約之價格與方式。證券商經營連結國外金融商品之結構型商品交易業務，採新臺幣計價者，其涉及之結匯相關事宜，應於契約中載明，依外匯收支或交易申報辦法規定辦理並計入客戶每年累計結匯金額。

十一、證券商從事轉換公司債資產交換或結構型商品交易，應於契約成交日、提前解約日及到期日將其成交資訊依規定之格式輸入本中心資訊系統。從事轉

換公司債資產交換交易者，另須於相應選擇權行使日輸入。

　　證券商從事結構型商品交易者，應於交易契約存續期間透過本中心資訊系統依規定之格式逐日申報避險資訊。其申報之預計避險部位與實際避險部位最近六個營業日內有三個營業日差異逾正負百分之二十時，除差異數不足一成交單位或本中心另有規定者外，本中心得要求證券商說明原因並進行實地瞭解，如發現其說明顯欠合理時，得予計點乙次，計點累計達三次者，限制其未來一個月內不得承作結構型商品交易。若差異逾正負百分之五十時，除差異數不足一成交單位或本中心另有規定者外，本中心得強制證券商執行避險沖銷策略。

　　前項證券商從事結構型商品交易所採之避險方式，得以其所承作同一標的證券之結構型商品之避險部位抵用，或委託其他機構避險。本中心應定期或不定期針對證券商之避險相關作業進行實地查核。

　　證券商從事轉換公司債資產交換交易者，於契約成交日、向交易相對人買回轉換公司債交易日、選擇權行使日並應依本中心業務規則第八十三條、轉換公司債暨債券換股權利證書買賣辦法第十七條及台灣證券集中保管股份有限公司業務操作辦法相關規定，透過台灣證券集中保管股份有限公司辦理劃撥給付。

　　　　證券商經營結構型商品交易業務應按月編製結構型
商品資金運用明細表，留存備查。

　　　　證券商從事結構型商品交易注意事項，由本中心另定之。

　　　　外國證券商承作結構型商品交易所得之交易價金，
應出具俟其交易到期後始匯出國內之承諾書，但連結國外
金融商品而有將交易價金匯出國內之需求者，不在此限。

十二、證券商承作結構型商品所得交易價金限於投資國內、外
　　　之固定收益商品、連結標的證券、指數型基金及從事與
　　　交易幣別及連結標的相關之避險性的期貨或衍生性金融商
　　　品交易。但大陸地區金融商品及摩根台指期貨除外。

十三、證券商承作結構型商品應繳交履約保證金予本中心，繳
　　　交履約保證金之標準如下：

　　(一)證券商信用評等達中華信用評等股份有限公司評級
　　　　twBBB+級（含）以上或英商惠譽國際信用評等股份有
　　　　限公司台灣分公司 BBB+（twn）級 （含）以上或穆迪
　　　　信用評等股份有限公司 Baa1.tw 級（含）以上或 Moody's
　　　　Investors Service 評級 Baa1 級（含）以上或 Standard &
　　　　Poor's Corp.評級 BBB+級（含）以上或 Fitch, Inc.評級
　　　　BBB+級（含）以上之長期信用評等者，應依其結構型
　　　　商品契約流通餘額提撥百分之三。

　　(二)未達前款信用評等標準但達中華信用評等股份有限公
　　　　司評級 twBBB-級（含）以上或英商惠譽國際信用評等

股份有限公司台灣分公司 BBB-（twn）級（含）以上或穆迪信用評等股份有限公司 Baa3.tw 級（含）以上或 Moody's Investors Service 評級 Baa3 級（含）以上或 Standard & Poor's Corp.評級 BBB-級（含）以上或 Fitch, Inc.評級 BBB-級（含）以上之長期信用評等者，應依其結構型商品契約流通餘額提撥百分之五。

(三)其他信用評等資格者應依其結構型商品契約流通餘額提撥百分之十。

　　證券商繳交前項履約保證金，得以現金、銀行定期存款存單或中央政府公債為之，並應按月依契約流通餘額及信用評等之變動，於每月十日前向本中心辦理履約保證金之增補或退還。

十四、證券商於開始經營轉換公司債資產交換或結構型商品交易業務前，應依主管機關發布之「公開發行公司取得或處分資產處理準則」規定，訂定從事該項衍生性金融商品交易之處理程序或納入既有之「從事衍生性商品交易處理程序」規定，並就相關資訊按月申報，以為必要之風險管制與資訊公開，同時須納入內部控制、內部稽核制度予以管控。

　　證券商於開始經營轉換公司債資產交換或結構型商品交易業務前，應配合完成其內部控制、內部稽核制度之修訂。相關之控制與稽核重點由本中心另訂之。

十五、第十四點應訂定之處理程序內容中應記載之交易原則與
方針，須包含從事轉換公司債資產交換或結構型商品交
易之全部或單一交易相對人之契約限額、全部或個別契
約之停損規定、交易相對人篩選與徵信政策、避險策
略、績效評估程序與要領、行情資訊設備與資料、會計
處理及報表揭露方式、交易與風險控管人員之經驗要求
與相關訓練規定，以及核定交易之權責劃分等規定。

　　證券商經營連結國外金融商品之結構型商品交易業
務，其交易與風險控管人員應具備曾經從事所連結標的
市場之相關工作經歷。

　　第一項行情資訊設備與資料應能確保相關市場資訊
之即時性與正確性。

十六、證券商經營轉換公司債資產交換或結構型商品交易業
務，應依主管機關「證券商管理規則」相關規定，計算
承作轉換公司債資產交換或結構型商品交易部位之市
場風險約當金額，及交易對象風險之約當金額，以納入
證券商自有資本適足比率計算。

十七、證券商經營轉換公司債資產交換或結構型商品交易業
務，應依主管機關「證券商財務報告編制準則」、「公
開發行公司從事衍生性商品交易財務報告應行揭露事
項注意要點」、財團法人中華民國會計研究發展基金會
「財務會計準則第二十七號公報」及主管機關相關函令

關於衍生性金融商品會計揭露之規定辦理，並於財務報表本身或附註揭露該種交易契約之名目本金金額、交易性質與條件　（至少包括該交易之信用風險、市場風險及可能之流動性風險，交易之現金流量，相關會計政策）等資訊。

十八、證券商經營轉換公司債資產交換或結構型商品交易業務除應依「公開發行公司取得或處分資產處理準則」規定辦理資訊公開外，另應於每月向本中心申報月計表時，併同申報所經營該衍生性商品交易之額度、簡要約定交易條件及其相關內容等資料貳份送經本中心查核人員核驗備查。

　　　前項併同申報資料之格式如附表四、五。

十九、證券商經營結構型商品交易業務，其未到期契約本金總額，應不得超過所適用之承作總額度，且其股權連結商品交易或保本型商品交易部分各不得超過適用承作總額度之三分之二。

　　　前述所適用承作總額度，應依下列標準適用之：

(一)取得中華信用評等股份有限公司評級 twA-級以上或英商惠譽國際信用評等股份有限公司台灣分公司 A-（twn）級以上或穆迪信用評等股份有限公司 A3.tw 級以上或 Moody's Investors Service 評級 A3 級以上或 Standard & Poor's Corp.評級 A-級以上或 Fitch,Inc.評級 A-級以上之

　　長期信用評等者，其與轉換公司債資產交換交易未到期
　　契約本金總額合計不得超過該證券商資本淨值之四倍。

(二)未達前款信用評等級標準，僅取得中華信用評等股份有
　　限公司評級 twBBB-級以上或英商惠譽國際信用評等股
　　份有限公司台灣分公司 BBB-（twn）級以上或穆迪信用
　　評等股份有限公司,Baa3.tw 級以上或 Moody's Investors
　　Service 評級 Baa3 級以上或 Standard & Poor's Corp.評級
　　BBB-級以上或 Fitch,Inc 評級 BBB-級以上之長期信用評
　　等者，其與轉換公司債資產交換交易未到期契約本金總
　　額合計不得超過該證券商資本淨值之三倍。

(三)未達前二款信用評等級標準，僅取得中華信用評等股份
　　有限公司評級 twBB+級以上或英商惠譽國際信用評等
　　股份有限公司台灣分公司 BB+（twn）級以上或穆迪信
　　用評等股份有限公司 Ba1.tw 級以上或 Moody's Investors
　　Service 評級 Ba1 級以上或 Standard & Poor's Corp.評級
　　BB+級以上或 Fitch,Inc.評級 BB+級以上之長期信用評
　　等者，其與轉換公司債資產交換交易未到期契約本金總
　　額合計不得超過該證券商資本淨值之二倍。

(四)未達前三款信用評等級標準,僅取得中華信用評等股份有限
　　公司評級 twBB-級以上或英商惠譽國際信用評等股份有限公
　　司台灣分公司 BB-（twn）級以上或穆迪信用評等股份有限公
　　司 Ba3.tw 級以上或 Moody's Investors Service 評級 Ba3 級以上

或 Standard & Poor's Corp.評級 BB-級以上或 Fitch,Inc.評級 BB-級以上之長期信用評等者，其與轉換公司債資產交換交易未到期契約本金總額合計不得超過該證券商資本淨值。

外國證券商經營轉換公司債或結構型商品交易業務，其未到期契約本金總額應以在臺分支機構之淨值為基準，比照前項規定辦理。

證券商取得結構型商品交易資格後，應每年辦理信用評等，並於接獲評等報告後七個營業日內檢具評等報告書向本中心申報信用評級。信用評級變動者，其承作總額度依變動後之評級定之。

證券商取得結構型商品交易資格後自有資本適足比率低於百分之二百者，其未到期契約本金總額雖未逾越承作總額度，仍不得為新增交易，須俟自有資本適足比率達百分之二百時，始得為之。

除前二項之定期審核外，本中心得要求證券商提供相關文件進行專案審核，必要時並得限制其承作總額度。

二十、證券商有左列情事之一者，本中心得通知其限期改善：

(一)未依申請書之相關內容從事轉換公司債資產交換或結構型商品交易。

(二)違反第七點、第八點、第九點、第十點、第十一點、第十二點、第十三點、第十六點、第十七點、第十八點、第十九點之規定。

(三)自有資本適足比率未達百分之二百、未依本身針對轉換
公司債資產交換或結構型商品交易所訂定之處理程序
或本身「從事衍生性商品交易處理程序」規定或內部控
制、內部稽核制度規定執行者。

二十一、證券商未依第二十點所定期限補正或改善者,本中心
得予以警告,並通知其限期補正或改善。

二十二、證券商有左列情事之一者,本中心得課以新臺幣五萬
元以上,三十萬元以下之違約金:

(一)未依第三點第一項規定向本中心提出申請並獲得核
准,而擅自經營轉換公司債資產交換或結構型商品交
易業務者。

(二)未依第二十一點所定期限補正或改善者。

二十三、證券商有左列情事之一者,本中心得停止或終止其經
營轉換公司債資產交換或結構型商品交易業務,已交
易之商品其效力不受影響:

(一)未依第二十二點規定所定期限補正或改善者。

(二)自有資本適足比率連續逾三個月未達百分之二百者、
信用評等低於本要點第四點第一項規定者。

(三)喪失第四點第一項第一款資格者。

前項第一款與第二款所定情形,於其改善並經本中心
覆核確實後,本中心得恢復其經營該業務。

二十四、本作業要點經報請主管機關核定後實施,修正時亦同。

財團法人中華民國證券櫃檯買賣中心櫃檯買賣證券商從事結構型商品交易注意事項

一、證券商從事結構型商品交易之範圍：

　　以於證券商營業處所櫃檯買賣者為限。

二、證券商於其營業處所從事結構型商品交易之類別：

　(一)股權連結商品交易。

　(二)保本型商品交易。

三、證券商於其營業處所從事結構型商品交易，應依「財團法人中華民證券櫃檯買賣中心（以下簡稱本中心）櫃檯買賣證券商從事轉換公司債資產交換暨結構型商品交易作業要點」（以下簡稱作業要點）或其他相關規定辦理。

四、證券商與其交易相對人從事結構型商品交易，應以明顯之粗黑字體分別於保本型商品交易契約名稱下列示保本比率，以及於股權連結商品交易契約中列示最大可能損失。

五、證券商或其委託避險之機構於國內證券市場建立避險部位者，除以本中心所核准從事之契約形式衍生性商品交易避險外，應依作業要點，檢具本中心許可函件，洽相關機構設立所從事商品交易之避險專戶，作為從事結構型商品交易建立避險部位之用，並依風險沖銷策略執行避險部位之買進與賣出。

　　前項避險專戶內所建立之避險部位不得辦理質押。

六、證券商與交易相對人從事結構型商品交易前所應簽訂之
　　總約定書，應至少包含以下部分內容：

　　(一)定義說明。

　　(二)交易契約內容。

　　(三)交易流程與相關作業。

　　(四)交易價金之運用與投資。

　　(五)違約處理。

　　(六)賠償處理。

　　(七)他項規定。

七、證券商與交易相對人從事結構型商品交易，相關款項之收
　　付應於下列時間內完成：

　　(一)承作時交易價金之收取：交易契約簽訂日之次一營業日內。

　　(二)提前解約款項之支付：提出提前解約日之次五營業日內。

　　(三)契約到期款項之支付：到期日之次二營業日內。

八、證券商應將每日成交資料及截至當日止之避險部位資訊
　　於當日截止申報時間前透過本中心資訊系統向本中心申
　　報。成交資料申報之截止時間為星期一至星期五每營業日
　　下午五時整；避險部位資訊申報之截止時間為星期一至星
　　期五每營業日下午五時整。

九、證券商應每日於其營業處所或其網站，提供其與交易相對
　　人從事商品交易之成交資料及提前解約之報價資訊，以為
　　其交易相對人查詢。

　　　　前述成交資料應至少包含以下項目：

(一)交易日。

(二)交易契約編號。

(三)交易商品名稱。

(四)契約到期日。

(五)交易價格。

(六)契約本金與幣別。

(七)連結標的資產。

(八)連結標的資產之履約價格。

(九)定價日連結標的資產價格。

(十)契約本金轉換連結標的資產數量。

(十一)結算日。

(十二)保本率及參與率。　（僅保本型商品提供）。

(十三)報酬計算方式與說明。

(十四)其他說明事項。

十、證券商因停業、歇業、解散、重整、撤銷或廢止核准等事
　　由致不能繼續經營結構型商品交易業務者，應即通知交易
　　相對人，並通知交易對手停止相關交易，於通知後十日內
　　終止原交易契約。

十一、本注意事項報經主管機關核定後實施，修正時亦同。

財團法人中華民國證券櫃檯買賣中心證券商營業處所債券衍生性商品交易細則

第 一 條　　本細則依本中心證券商營業處所買賣有價證券業務規則（以下簡稱業務規則）第三十九條規定訂定之。

第 二 條　　證券商與客戶從事債券衍生性商品交易悉依本細則之規定，本細則未規定者，適用本中心其他相關規定。

　　　　　　本細則所稱債券衍生性商品交易係指下列契約之交易：

一、債券遠期買賣斷交易：指證券商與客戶約定，於未來特定日期，依特定價格及數量等交易條件買賣約定之標的債券，或於到期時結算差價之契約（以下簡稱遠期交易）。

二、債券選擇權交易：指證券商與客戶約定，選擇權買方支付權利金，取得購入或售出之權利，得於特定期間內，依特定價格及數量等交易條件買賣約定之標的債券；選擇權賣方於買方要求履約時，有依約履行義務；或雙方同意於到期前或到期時結算差價之契約（以下簡稱選擇權交易）。

第　三　條　　證券商經營債券衍生性商品交易業務應向本
　　　　　　中心提出申請，經本中心核准通過之資格，持續有
　　　　　　效，無須逐年申請。未經申請並獲得本中心核准，
　　　　　　不得經營該業務。

　　　　　　　證券商申請經營債券衍生性商品交易業務，應
　　　　　　具備下列條件：

一、須為同時經營證券經紀、承銷及自營業務之綜
　　合證券商，並取得櫃檯買賣債券自營商證照；
　　但申請遠期交易者，僅須具備櫃檯買賣債券自
　　營商資格。

二、應取得中華信用評等股份有限公司評級 twBB-
　　級以上或英商惠譽國際信用評等股份有限公
　　司台灣分公司 BB-（twn）級以上或穆迪信用
　　評等股份有限公司 Ba3.tw 級以上或 Moody's
　　Investors Service 評級 Ba3 以上或 Standard &
　　Poor's Corp. 評級 BB- 級以上或 Fitch,Inc. 評級
　　BB- 之長期信用評等。

三、最近半年每月申報之自有資本適足比率均須逾
　　百分之二百，但兼營證券業務之金融機構另依
　　其目的事業主管機關相關規定辦理。

四、未曾受下列處分：

　（一）最近六個月未受證券交易法第六十六條第

二款或期貨交易法第一百條第一項第二款

以上之處分者。

(二) 最近一年未曾受主管機關停業處分者。

(三) 最近二年未曾受主管機關撤銷部分營業許

可之處分者。

(四) 最近一年未曾受本中心依章則處以停止或

限制買賣處分者。

　　兼營債券自行買賣業務之金融機構依前項規

定申請時，應另檢具申請經其目的事業主管機關核

准之同意函件。

第　四　條　　證券商承作債券衍生性商品交易時，應就個別

客戶之財務與資金操作狀況，限制其買賣額度。

第　五　條　　證券商與客戶初次承作債券衍生性商品交易

時，應與客戶簽訂「債券衍生性商品交易總契約」

或 ISDA（International Swaps and DerivativesAssociation,

Inc.）總契約（Master Agreement），並留存其身分證明

文件或登記證照影本。

　　前項「債券衍生性商品交易總契約」由本中心

另訂之。

第　六　條　　證券商與客戶從事債券衍生性商品交易之標

的債券為政府債券或其他上櫃之金融債券、公司債

（不含轉換公司債） 及外國債券。

第　七　條　　遠期交易成交日至給付結算日之期間，應為三

日以上，一年以下。

選擇權交易之存續期間自成交日起算須一年

以下。

第　八　條　　證券商為債券衍生性商品交易時，其遠期交易與

選擇權交易合計總額，對各期債券之淨買進面額及淨

賣出面額各不得超過該債券流通餘額的十分之一。

前項選擇權交易部位計算方法以證券商買進

買權加計賣出賣權視為買進部位、以買進賣權加計

賣出買權視為賣出部位。

第　九　條　　證券商於債券衍生性商品交易成交後，應即將

其成交資料依本中心規定之時間及格式，輸入本中

心之資訊系統。

第　十　條　　證券商為債券衍生性商品交易應採行同步錄

音，並準用業務規則第六十二條第五項至第七項

之規定，且應保存至該交易完成給付結算為止；

另將買賣成交單於成交日之次二營業日前交由客

戶簽章。

第 十一 條　　證券商從事債券衍生性商品交易時，得與客戶

約定以實物給付或現金結算方式辦理給付結算作業。

前項給付結算方式約定以實物給付者，證券商

應於約定之給付結算日與客戶直接完成款券收付

或依「中央登錄債券作業要點」規定辦理債券之給付，並依規定製發交付清單及給付結算憑單交由客戶簽章；採現金結算者應製發結算清單交由客戶簽章。

第 十 二 條　　證券商經營債券衍生性商品交易業務，應依主管機關發布之「公開發行公司取得或處分資產處理準則」規定辦理，並訂定從事該項衍生性金融商品交易之處理程序或納入既有之從事衍生性金融商品交易處理程序，進行必要之風險管制與資訊公開，同時須納入既有之內部控制及內部稽核制度或實施細則中予以管控。

證券商於申請經營債券衍生性商品交易業務前，應完成其內部控制與內部稽核制度之修訂。相關之控制與稽核重點由本中心另訂之。

第 十 三 條　　證券商經營債券衍生性商品交易業務，應依主管機關「證券商管理規則」相關規定，計算承作交易部位之市場風險約當金額及交易對象風險之約當金額，以納入證券商自有資本適足比率計算。

第 十 四 條　　證券商經營債券衍生性商品交易業務，應依主管機關「證券商財務報告編製準則」、財團法人中華民國會計研究發展基金會「財務會計準則第二十七號公報」、「財務會計準則第三十四號公報」及主管機關相關函令關於衍生

性金融商品會計揭露之規定辦理，並於財務報
表本身或附註揭露該種交易之金額、交易性質
與條件（至少包括該交易之信用風險、市場風
險及可能之流動性風險，交易之現金流量，相
關會計政策）等資訊。

　　前項債券衍生性商品交易之相關會計處理分
錄由本中心另訂之。

第 十五 條　證券商經營債券衍生性商品交易業務除應依
「公開發行公司取得或處分資產處理準則」規定辦
理資訊公開外，另應於每月向本中心申報月計表
時，併同檢送其所從事該債券衍生性商品之交易明
細、已實現與未實現損益等資料貳份供本中心稽核
人員核驗備查。

　　前項資料之報表格式由本中心另行公告之。

第 十六 條　本中心於每日營業終了後，公告下列債券衍生
性商品交易資訊：

一、遠期交易：各天期遠期買賣成交之最高、最低、
　　平均殖利率及營業金額。

二、選擇權交易：各期次標的債券選擇權買進買權、
　　賣出買權、買進賣權及賣出賣權契約本金總額。

第 十七 條　證券商經營債券衍生性商品交易業務應不得
超過下列額度：

一、取得中華信用評等股份有限公司評級 twA-
級以上或英商惠譽國際信用評等股份有限公
司台灣分公司 A-（twn）級以上或穆迪信用評
等股份有限公司 A3.tw 級以上或 Moody's
Investors Service 評級 A3 級以上或 Standard
& Poor's Corp. 評級 A-級以上或 FitchInc.評級
A-級以上之長期信用評等者，其債券衍生性商
品交易未到期契約本金總額合計不得超過該
證券商資本淨值之四倍。

二、未達前款信用評等級標準，僅取得中華信用評
等股份有限公司評級 twBBB-級以上或英商惠
譽國際信用評等股份有限公司台灣分公司
BBB-（twn）級以上或穆迪信用評等股份有限
公司 Baa3.tw 級以上或 Moody's Investors
Service 評級 Baa3 級以上或 Standard & P-oor's
Corp. 評級 BBB-級以上或 Fitch,Inc. 評級
BBB-級以上之信用評等者，其債券衍生性商
品交易未到期契約本金總額合計不得超過該
證券商資本淨值之三倍。

三、未達前二款信用評等級標準，僅取得中華信用
評等股份有限公司評級 twBB+ 級以上或英商
惠譽國際信用評等股份有限公司台灣分公司

BB+（twn）級以上或穆迪信用評等股份有限
公司 Ba1.tw 級以上或 Moody's Investors
Service 評級 Ba1 級以上或 Standard & Poor's
Corp.評級 BB+級以上或 Fitch,Inc. 評級 BB+
級以上之信用評等者，其債券衍生性商品交易
未到期契約本金總額合計不得超過該證券商
資本淨值之二倍。

四、未達前三款信用評等級標準，僅取得中華信用
評等股份有限公司評級 twBB- 級以上英商惠
譽國際信用評等股份有限公司台灣分公司
BB-（twn）級以上或穆迪信用評等股份有限公
司 Ba3.tw 級以上或 Moody's Investors Service
評級 Ba3 級以上或 Standard & Poor's Corp.
評級 BB-級以上或 Fitch,Inc.評級 BB-級以上
之信用評等者，其債券衍生性商品交易未到期契
約本金總額合計不得超過該證券商資本淨值。

前項債券衍生性商品交易如為遠期交易且於同
日辦理給付結算者，得依其買賣互抵後的餘額計算
之；選擇權交易契約到期日相同者，依買進買權加計
賣出賣權扣除賣出買權及買進賣權後之餘額計算之。

第 十八 條　　證券商違反第四條、第十一條規定者，本中心
得通知其限期補正或改善。

第 十 九 條　　證券商有下列情事之一者，本中心得予以警
告，並通知其限期補正或改善：

一、違反第五條、第七條、第八條、第九條、第十
條、第十一條、第十二條第一項、第十三條、
第十四條、第十五條項、第十七條規定者。

二、未依前條所定期限補正或改善者。

第 二 十 條　　證券商有下列情事之一者，本中心得課以新台
幣五萬元以上，三十萬元以下之違約金：

一、違反第三條第一項、第六條規定者。

二、未依第十九條所定期限補正或改善者。

第二十一條　　證券商有左列情事之一者，本中心得停止或終
止其經營債券衍生性商品交易業務，但已交易之商
品其效力不受影響：

一、依第二十條第二款規定處以違約金，最近半年
內達三次以上者。

二、未依第二十條第二款規定繳納違約金者。

三、未符第三條第二項第一款、第二款條件者。

四、證券商自有資本適足比率連續三個月未達百
分之二百者。

　　證券商於改善並符合前項規定後，本中心得恢
復其業務許可。

第二十二條　　本細則經本中心董事會通過報請主管機關核
定後，公告施行。修正時亦同。

財團法人中華民國債券櫃檯買賣中心債券衍生性商品交易
總契約範例

　　立契約人_____（以下簡稱甲方）及
_____（以下簡稱乙方），茲為甲方經營之
櫃檯買賣債券衍生性商品交易業務規範，簽訂本總契約。雙方
同意遵守下列條款：

第　一　條　　適用範圍

　　　　　　本總契約適用於甲乙雙方從事債券衍生性商
　　　　　品交易之規範。本總契約所稱債券衍生性商品交易
　　　　　依財團法人中華民國證券櫃檯買賣中心證券商營
　　　　　業處所債券衍生性商品交易相關規章之規定訂
　　　　　之。除非雙方另有書面約定，每一筆交易均受本總契
　　　　　約條文、補充條款及所有其他附件相關條款之規範。

第　二　條　　名詞定義

　　　　一、遠期交易：指雙方約定，於未來特定日期，依
　　　　　　特定價格及數量等交易條件買賣約定之標的
　　　　　　債券，或於到期時結算差價之契約。

　　　　二、債券選擇權交易：指雙方約定，選擇權買方支
　　　　　　付權利金，取得購入或售出之權利，得於特定
　　　　　　期間內，依特定價格及數量等交易條件買賣約
　　　　　　定之標的債券；選擇權賣方於買方要求履約

時，有依約履行義務；或雙方同意於到期前或到期時結算差價之契約（以下簡稱選擇權交易）。

三、營業日：指債券櫃檯買賣市場之交易日。

四、成交日：指雙方達成交易之日。

五、給付結算日：指雙方約定辦理款券交付或現金結算之日。

六、買方：指遠期交易購買債券之一方或選擇權交易買入權利之一方。

七、賣方：指遠期交易賣出債券之一方或選擇權交易賣出權利之一方。

八、履約利率或價格：選擇權契約所約定之利率或價格，選擇權持有人得以該利率或價格買入或賣出一定數量之債券。

九、權利金：選擇權交易之買方因取得權利所應支付賣方之價金。

十、確認：指本總契約第三條第二款之規定事項。

十一、單一契約：指本總契約第九條第一項之規定事項。

十二、重大事故：指任何一方有重整、清算、解散、破產、合併、暫停營業、受強制執行之情事，或有開始進行各該程序之行為或被票據交換所宣告拒絕往來、或有其他足以影響雙方業務之情形。

十三、違約事件：指任何一方未依約定履行給付結
　　　算義務，或有發生重大事故、不實聲明、承
　　　認不能或不願履行其義務等情形之一者。

第　三　條　　開始及確認

一、交易起始時可由買方或賣方以口頭或書面形式
　　進行，且一經成交即具備法律效力。

二、買賣雙方成交後，一方或雙方須立即以書面或
　　其他雙方認可並合乎市場慣例之方式，與他方
　　進行確認。確認書件須載明每一筆交易之相關約
　　定條件，且確認條件與本總契約抵觸者無效。

第　五　條　　確認書件

　　訂定交易應以書面為之，就甲乙雙方分別確定
其為買方或賣方之身分及由雙方簽名，並依下列規
定記載有關事項：

一、遠期交易確認書件應記載：

　(一)為交易標的之債券與期別。

　(二)成交日。

　(三)給付結算日。

　(四)給付結算方式（實物給付或現金結算）。

　(五)成交面額。

　(六)成交價格或殖利率。

二、選擇權交易確認書件應記載：

(一)權利金。

(二)選擇權種類為買權、賣權或其他。

(三)選擇權行使方式為美式（American type）、
歐式（European type）或其他。

(四)標的債券期別與數量。

(五)契約到期日。

(六)給付結算日。

(七)給付結算方式（實物給付或現金結算）。

(八)履約利率或價格。

第 五 條　　履約擔保品之內容、金額計算方式及給付條件

一、雙方同意為確保如期履行給付結算義務，得於
契約期間因交易標的之市價變動，另於附件約
定履約擔保品之內容、金額計算方式及給付條
件作為履約之擔保。

二、履約擔保品之內容得為現金（稱擔保現金）或
債券（稱擔保債券），並依雙方同意之方式完
成交付，其金額計算方式應以維持單一契約全
部的重置成本損失為原則。

三、雙方得以「重置成本損失」、「重置成本損失
佔成交價格之比率」或「某一特定期間」作為
履約擔保品之給付條件。

第 六 條　　給付與市場慣例

　　契約雙方得約定以實物給付或現金結算方式辦理給付結算作業，若約定以實物給付時，則應依下列方式辦理：

一、須以收支兌付的方式辦理給付。但雙方另有約定者，不在此限。

二、立契約人支付予他方之價金，須為立即可供他方動支之款項。

三、立契約人交付予他方之債券，須無任何瑕疵且可用於轉讓。受讓之一方得要求簽署必要之文件、背書或其他保證取得所有權之事項。

四、標的債券之交付，須為經由中央公債登錄系統移轉，或其他經雙方同意之方式辦理移轉。

五、雙方同意遵循市場交易慣例，且本總契約條文不得與相關之交易及給付結算等市場實務相抵觸。

第 七 條　　聲明事項

　　立契約人彼此向他方為下述之聲明，且該聲明視為由立契約人於交易日從事每一筆交易時重覆為之：

一、立契約人有權簽署並交付本總契約，並有權從事相關交易與給付結算事宜。

二、雙方均以本人角色參與交易，或經雙方同意，
於附件另行簽署委託代理人之書面文件，而由
代理人進行交易。

三、本總契約簽章代表已獲充分授權。

四、所有與本總契約相關之政府機關許可均已取
得，並持續有效。

五、本總契約與所有交易之執行、給付結算及履
行，均不得違背所有適用之法律、交易習慣、
章程、準則及財團法人中華民國證券櫃檯買賣
中心之相關規定。

第 八 條　　違約事件

一、如有發生違約事件，未違約方得選擇宣布對手
違約，並有權逕行以下行為，而不需另行催告
或通知：

(一)終止部分或全部之交易，並由違約方負所有損
害賠償之責任(含損失、損害、成本及費用)。

(二)抵消所有未違約方對違約方之相關義務，得
包括債券、款項及財產等方面。

(三)未違約方得以交易市場的價格或其理性認
可的價格立即處分所持有之擔保債券，並以
該處分所得款項及所有擔保現金逕行抵充
本總契約交易之相關債務。或由未違約方自

行裁量，得於處分所有或部分擔保債券外，選擇對違約方提供該擔保債券市價等值的信用額度，並以一般交易市場最近收盤之自營商買進報價，作為該擔保債券之市價認定依據。

(四)於本總契約與所有交易中，採取所有其他必要之行為，或據以保障與強化其權益及議價利益之措施。未違約方須於宣布對手違約之次三個營業日前，通知違約方其所欲採取之處分方式。

二、未違約方得立即索回其所交付違約方之所有擔保品及其收益，及選擇宣布對手違約，並有權逕為以下行為，而不需另行催告或通知：

(一)當違約方未能交付所有擔保債券時，未違約方得以交易市場的價格或其理性認可的價格立即買回等量之同質債券（稱重置債券）。或

(二)由未違約方自行裁量，得於買進重置債券外，視同已以交易市場最近收盤之自營商賣出報價，買進該重置債券。且違約方即須依該重置債券市價連同所有其他擔保現金負有償還之責任。

三、違約方須對未違約方負有以下責任：

　　(一)未違約方處理對手違約之相關法律諮商或
　　　　其他費用。

　　(二)因違約發生而致未違約方從事重置交易、避
　　　　險或中止避險之損害賠償，包括上述交易之
　　　　所有手續費、費用支出及佣金等成本。

　　(三)其他直接因違約事件所生之損失、損害、成
　　　　本或費用等。

四、在相關法令範圍內，違約方對其所屬債務應依
　　○○銀行基本放款利率予以計息，利息設算期
　　間為債務發生之日至

　　(一)違約方完全清償之日。或

　　(二)未違約方之權益完全滿足之日。

第　九　條　　單一契約

　　　　雙方認定所從事之每一筆交易，將與本總契約
及所有交易構成單一契約。雙方同意下列約定：

一、履行個別交易之各項義務，且任何一方有違約
　　事件時，即形成本單一契約所有交易之違約。

二、任何一筆交易有違約事件時，非違約方得就雙
　　方之其他交易請求補償及申請財產假扣押。

三、雙方得於本單一契約之規範下，對交易與其他
　　交易之款券收付相互沖抵，以淨額辦理款項支

付、債券交付及其他移轉行為，且視同完成個
別交易之給付結算作業。

第 十 條　風險告知

從事債券衍生性商品交易具有相當大的風
險，雙方均須審慎評估其自身財務狀況、投資標
的、法令與規章限制、是否具有監控該風險之作業
資源及交易條款中的義務等，以決定是否適合從事
該類交易。

債券衍生性商品交易最主要的風險為價格風
險，該風險係指成交日至給付結算日間之市場價格
或利率波動所可能產生之損失。第二項為違約風
險，指因他方於給付結算日不能履行給付結算義務
而導致的實質損失，其中並包括送交違約方之擔保
品之可能損失。第三項為價格炒作的風險，他方可能
因造市或避險需要，經常性地吃貨形成某期債券之獨
占地位，而造成我方在遠期買賣應屆給付結算時，在
現貨市場上買不到該債券或任由他方哄抬市場價格
所可能產生之損失。最後一項為斷頭風險，此風險可
能來自於雙方在附件中加入擔保品之提存與補繳條
款，立契約人未遵守或履行其於擔保文件下應遵守或
履行之合意或義務，即可能由他方逕行處分該交易部
位（俗稱「斷頭」），因而產生損失之風險。

以上風險告知殊為簡要，對所有交易風險無法
完全詳括。雙方從事交易前，應先諮詢所屬商務、
法務、稅務及會計顧問，並詳加研析本總契約內
容，以瞭解是否適合從事該類交易。雙方同意本總
契約及所有交易均由立契約人依其獨立判斷為
之，彼此並無投資受託或顧問等關係。

第 十 一 條　　通知及其他聯繫

所有通知、聲明、需求或其他聯繫得由一方以
郵寄、傳真、電報、及通信條通知他方本人或他方
之通訊地址或其變更地址。所有通知得先以口頭告
知，並迅即以書面或前述方式確認。

第 十 二 條　　非讓渡條款與契約終止

一、本總契約立契約人所屬權利義務除非事先另有
書面約定，否則不得恣意讓渡及改變，故本總
契約及任何交易所屬利益將只限於立契約人
或約定繼承人。雙方均得以書面通知他方終止
本總契約，但先前已成交而未給付結算之交易
仍屬有效。

二、若有本總契約第八條之情事，則不受前款之規
範，非違約方得讓渡、改變其全部或部分利
益，違約方不得拒絕。

第 十 三 條 準據法

　　本總契約受中華民國法令規範,凡與該法令相抵觸者均屬無效。

第 十 四 條 非棄權

　　本總契約下任何權利、權能或特權行使之遲延不得推定係棄權之表示;權利、權能或特權之部分行使不得視為排除未來就該或其他權利、權能及特權之行使。

第 十 五 條 記錄

　　雙方同意以電子媒體記錄彼此之電話議價內容。

　　訂約人

　　　　甲方＿＿＿＿＿＿＿(簽章)職稱＿＿＿＿＿

日期＿＿＿＿＿乙方＿＿＿＿＿＿＿(簽章)職稱＿＿＿＿＿

日期＿＿＿＿＿

財團法人中華民國證券櫃檯買賣中心櫃檯買賣證券商從事
衍生性金融商品業務廣告及營業促銷活動行為規範

第 一 條　　為規範櫃檯買賣證券商（以下簡稱證券商）及
　　　　　　其從業人員從事衍生性金融商品業務廣告及營業
　　　　　　促銷活動之行為，以維護業者之專業形象，並保障
　　　　　　交易人權益。依據財團法人中華民國證券櫃檯買賣
　　　　　　中心證券商營業處所買賣有價證券業務規則（以下簡
　　　　　　稱業務規則）第三十九條第二項規定訂定本規範。

第 二 條　　本規範所稱之「衍生性金融商品」，指依業務
　　　　　　規則第三十九條第一項經主管機關核准之衍生性
　　　　　　金融商品。

第 三 條　　本規範所稱之「廣告」，指證券商以促進業務
　　　　　　為目的，運用下列之傳播媒體，就從事衍生性金融
　　　　　　商品業務及相關之事務向不特定多數人為傳遞、散
　　　　　　布或宣傳：
　　　　　　一、報紙、雜誌等出版物。
　　　　　　二、ＤＭ、信函廣告、電子郵件、投資說明書、公
　　　　　　　　開說明書、傳單等印刷物。
　　　　　　三、電視、電影、幻燈片、廣播電台、跑馬燈等。
　　　　　　四、海報、看板、布條、公車或其他交通工具上之
　　　　　　　　廣告等。
　　　　　　五、網際網路之廣告。

六、新聞稿。

七、其他任何形式之廣告宣傳。

第　四　條　　本規範所稱之「營業促銷活動」，指證券商為促進業務，以舉辦公開說明會、座談會等方式，向不特定多數人推廣或招攬衍生性金融商品業務。

第　五　條　　證券商證券商為衍生性金融商品業務之廣告及營業促銷活動時，對特定客戶所製作之相關文件內容，應遵守下列事項：

一、需務求相關內容之正確性，以避免誤導投資大眾之判斷力。

二、應以公司名義為之，並明列公司所登記之名稱、地址、電話。

三、不得引用各種推薦書、感謝函、截取報章雜誌之報導或其他易使人認為確可獲利之類似文字或表示。

四、廣告內容不得採用不雅之文字、美術稿或任何不易閱讀之警告、聲明。

五、以獲利為宣導重點者，必須同時揭露交易之特殊風險及複雜性，且應以明顯之粗黑字體標示「從事衍生性金融商品交易並非絕無風險，投資人申購前應詳閱交易契約及風險預告書」之警語。

　　　　六、所有交易人可能應負擔之相關成本包括佣金、
　　　　　　手續費或稅賦均應註明。

第　六　條　　證券商不得對不特定多數人為特定衍生性金
融商品廣告及營業促銷活動。

　　　　證券商為衍生性金融商品業務之廣告及營業促銷
活動時，除應遵守前條各款規定外，並應遵守下列原則：

一、不得藉財團法人中華民國證券櫃檯買賣中心
　　（以下簡稱本中心）同意證券商從事衍生性金
　　融商品業務，作為保證衍生性金融商品價值之
　　宣傳。

二、不得使人誤信能保證本金之安全或保證獲利。
　　但結構型商品已於交易契約書充分揭露保證
　　之具體內容者，不在此限。

三、不得提供贈品或以其他利益勸誘他人從事衍生
　　性金融商品交易。

四、不得對於過去之業績作誇大之宣傳或對同業為
　　攻訐。

五、不得有虛偽、詐欺或其他足致他人誤信之行為。

六、廣告內容不得採用可能貶低整體行業聲譽之方
　　式作宣傳。

七、不得涉及對新台幣匯率走勢之臆測。

八、為其他經主管機關規定禁止之事項。

第　七　條　　以衍生性金融商品績效及業績數字為廣告或促
銷內容者,除應遵守前條規定外,並應符合下列原則:
一、任何衍生性金融商品績效及業績數字(包括所
提之獎項及排名)　均需註明使用資料之來源及
日期。但結構型商品如須採用複雜計算機制,為
了向投資人詳細解釋該等機制,證券商可以使用
假設數字,且須清楚列明該數字僅作說明用途,
並非表示交易人將來可獲得的實際收益。
二、不得為衍生性金融商品交易績效預測。
三、廣告所列出之圖表,必須清楚展示其內容,不
得有任何扭曲。
四、以衍生性金融商品績效外之其他業績數字為
廣告,可引用具公信力,並經本中心認可之國
內、外機構所為之統計或分析資料。但若作同
類比較時,僅可使用同一來源。
五、以過去歷史績效或業績數字為資料內容者,應
刊登至少最近一年之績效,成立時間未滿一年
者,應刊登自承作該項衍生性金融商品業務以
來之績效,不得截取特定期間之績效。
第　八　條　　證券商所為之廣告,本中心認為有必要或經投
資人、相關單位檢舉有違反本規範之處時,本中心
應進行查證,證券商不得拒絕或妨礙。

第　九　條　證券商為從事廣告及營業促銷活動而製作之
　　　　　　　有關資料，應列入公司內部控制制度管理，並於對
　　　　　　　外使用前，應先經內部適當審核並填製自我檢查表
　　　　　　　（格式如附件一），確定內容無不當、不實陳述、
　　　　　　　違反本規範及相關法令之情事。如有違反本規範
　　　　　　　者，得視違反情節之輕重，依本中心業務規則相關
　　　　　　　規定處置。

　　　　　　　前項資料及審核紀錄自使用後應保存二年。

第　十　條　證券商製作衍生性金融商品廣告，應將廣告企
　　　　　　　劃、樣式、主題標示及自我檢查表，於對外為廣告
　　　　　　　行為後十個營業日內報本中心備查。

第　十一　條　證券商違反本規範時，由本中心先行通知證券
　　　　　　　商限期提出說明、補正改善或配合辦理，未於期限
　　　　　　　內提出說明、說明理由不成立、逾期不改善、不配
　　　　　　　合辦理或情節重大者，本中心得課以新台幣十萬元以
　　　　　　　上，五十萬元以下之違約金，受本中心課以違約金處
　　　　　　　分者，本中心得要求證券商於一定期間內將所有的廣
　　　　　　　告企劃、樣式、主題標示及自我檢查表，於對外為廣
　　　　　　　告行為十個營業日前，報本中心先行審查後再刊登。

　　　　　　　前項事前申報限制期間最長不得超過一年。

第　十二　條　本規範報請主管機關核定後，公告施行，修正
　　　　　　　時亦同。

台財證二字第 0910139109 號行政函釋：

發文字號：台財證二字第 0910139109 號

發文日期：民國 91 年 08 月 08 日

要　　旨：因承銷取得或自營持有之公司債部位，與經財政部
　　　　　核准得辦理新台幣信用違約交換業務之金融機構
　　　　　進行新台幣信用違約交換交易

主　　旨：證券商得基於避險目的，將其因承銷取得或自營持
　　　　　有之公司債（含普通公司債及轉換公司債）部位，
　　　　　與經財政部核准得辦理新台幣信用違約交換
　　　　　（Credit Default Swap）業務之金融機構進行新台幣
　　　　　信用違約交換交易，請　查照轉知。

說　　明：證券商進行首揭避險性新台幣信用違約交換交
　　　　　易，應依下列規定辦理：

一、應依本會發布之「公開發行公司從事衍生性商品交易處理
　　要點」規定，訂定從事首揭衍生性金融商品交易之處理程
　　序或納入既有之「從事衍生性商品交易處理程序」，並納
　　入內部控制及內部稽核制度予以控管。

二、財務報告應依本會「證券商財務報告編製準則」、「公開
　　發行公司從事衍生性商品交易財務報告應行揭露事項注
　　意要點」及會計研究發展基金會「財務會計準則第二十七
　　號公報」關於衍生性金融商品會計揭露之規定辦理。

三、應於申報月計表時，併同申報相關交易內容。

台財證二字第 0930000001 號行政函釋：

台財證二字第 0930000001 號

發文日期：民國 93 年 01 月 02 日

要　　旨：證券商自行買賣外國有價證券及從事外國衍生性
　　　　　金融商品避險交易之相關規定

主　　旨：證券商自行買賣外國有價證券及從事外國衍生性
　　　　　金融商品避險交易，應依說明事項辦理，請　查照
　　　　　並轉知所屬會員。

說　　明：

一、依據本會九十二年十二月二十一日台財證二字第
　　0920005386 號令發布增訂之證券商管理規則第十九條之
　　一、第三十一條之一規定辦理。

二、證券商自行買賣外國有價證券及從事外國衍生性金融商
　　品避險交易，僅得於本函附件及說明五（二）所列示之外
　　國交易市場交易，但說明四（三）、（四）不在此限。

三、前揭外國證券交易市場應具備之條件及範圍如下：

　　(一)需有組織且受當地證券主管機關管理之證券交易所及
　　　　店頭市場。

　　(二)交易當地之國家主權評等，應符合下列條件之一：

　　　　1.經史丹普公司（Standard & Poor's Corporation）評等為
　　　　　A-級以上。

　　　　2.經慕迪投資服務公司（Moody's Investors Service）評
　　　　　等為 A3 級以上。

3. 經惠譽國際信用評等公司（Fitch Ltd.）評等為 A-級以上。

(三)前揭外國證券交易市場由本會每年指定之，其範圍如附件。

四、證券商自行買賣外國有價證券範圍，以下列為限：

(一)外國發行人於外國證券交易市場上市且交易之股票、認股權證、受益憑證、存託憑證及其他有價證券。

(二)外國發行人於外國證券交易市場上市之公司債，其長期債務發行評等（Issue Rating）應符合下列條件之一：

1. 經史丹普公司（Standard & Poor's Corporation）評等為 BBB 級以上。

2. 經慕迪投資服務公司（Moody's Investors Service）評等為 Baa2 級以上。

3. 經惠譽國際信用評等公司（Fitch Ltd.）評等為 BBB 級以上。

(三)證券商本身承銷之國內上市（櫃）公司於外國發行之公司債及轉換公司債，其承銷完畢後之次級市場應買應賣交易。

(四)證券商本身承銷本國企業於外國發行之有價證券，得就其餘額包銷部分，於外國證券交易市場出售。

(五)前揭外國有價證券範圍，不包括下列項目：

1. 大陸地區證券市場及大陸地區政府或公司發行或經理之有價證券。

2. 恆生香港中資企業指數（Hang Seng China-Affiliated Corporations Index）成份股公司所發行之有價證券。

3. 香港或澳門地區證券交易市場由大陸地區政府、公司
直接或間接持有股權達百分之三十五以上之公司所
發行之有價證券。

4. 本國企業於外國證券交易市場交易之有價證券，但證券
商本身承銷本國企業於外國發行之有價證券，不在此限。

五、證券商從事外國衍生性金融商品避險交易之市場範圍，以
下列為限：

(一)證券商基於外國有價證券之自行買賣及承銷業務需
要，而從事「避險目的」之外國衍生性金融商品交易，
其「避險目的」須符合下列條件：

1. 被避險標的已存在，且因業務之進行而產生之風險可
明確辨認。

2. 避險衍生性金融商品可降低風險，並被指定作為該標
的之避險。

(二)證券商於外國期貨交易所從事衍生性金融商品避險交
易，其市場範圍如下：

1. 依「期貨交易法」第五條所公告之外國期貨交易所，
且其所在地係屬本函附件所列之地區或國家。

2. 前揭外國期貨交易所之衍生性金融商品，以國內指數
及有價證券為連結標的者不在此範圍為內。

(三)證券商於外國店頭市場從事衍生性金融商品避險交
易，其市場範圍以下列為限：

1. 以證券商本身承銷之國內上市（櫃）公司於外國店頭

市場發行之公司債及轉換公司債為被避險標的,於店頭市場進行之外國衍生性金融商品交易。

2. 前揭店頭避險交易,除交易相對人為國內證券商或金融機構外,其長期債務評等 (Issuer Rating),需符合下列條件:

(1)經史丹普公司(Standard & Poor's Corporation)評等為 A 級以上。

(2)經慕迪投資服務公司 (Moody's Investors Service)評等為 A2 級以上。

(3)經惠譽國際信用評等公司(Fitch Ltd.)評等為 A 級以上。

六、證券商持有外國有價證券部位及衍生性金融商品避險交易(含多頭及空頭交易)支出之總額及其計算方式如下:

(一)證券商持有前揭部位及支出之總額,應符合下列規定:

1. 證券商本身之長期債務評等,經史丹普公司(Standard & Poor's Corporation)評等為 A-級以上、慕迪投資服務公司(Moody's Investors Service)評等為 A3 級以上、惠譽國際信用評等公司(Fitch Ltd.)評等為 A-級以上、中華信用評等股份有限公司評等為 twA-級以上、英商惠譽國際信用評等股份有限公司台灣分公司評等為 A-(twn)級以上,或穆迪信用評等股份有限公司評等為 A3.tw 級以上者,其總額不得超過淨值百分之十。

2. 證券商本身之長期債務評等，經史丹普公司（Standard & Poor's Corporation）評等為 BBB-級以上、慕迪投資服務公司（Moody's Investors Service）評等為 Baa3 級以上、惠譽國際信用評等公司（Fitch Ltd.）評等為 BBB-級以上、中華信用評等股份有限公司評等為 twBBB-級以上、英商惠譽國際信用評等股份有限公司台灣分公司評等為 BBB-（twn）級以上，或穆迪信用評等股份有限公司評等為 Baa3.tw 級以上者，其總額不得超過淨值百分之八。

3. 證券商本身之長期債務評等，經史丹普公司（Standard & Poor's Corporation）評等為 BB-級以上、慕迪投資服務公司（Moody's Investors Service）評等為 Ba3 級以上、惠譽國際信用評等公司（Fitch Ltd.）評等為 BB-級以上、中華信用評等股份有限公司評等為 twBB-級以上、英商惠譽國際信用評等股份有限公司台灣分公司評等為 BB-（twn）級以上，或穆迪信用評等股份有限公司評等為 Ba3.tw 級以上者，其總額不得超過淨值百分之五。

4. 證券商本身之長期債務評等，經史丹普公司（Standard & Poor's Corporation）評等為 B+級以下、慕迪投資服務公司（Moody's Investors Service）評等為 B1 級以下、惠譽國際信用評等公司（Fitch Ltd.）評等為 B+

級以下、中華信用評等股份有限公司評等為 twB+ 級
以下、英商惠譽國際信用評等股份有限公司台灣分公
司評等為 B+（twn）級以下，或穆迪信用評等股份有
限公司評等為 B1.tw 級以下或無信用評級者，其總額
不得超過淨值百分之二。

(二)證券商從事外國衍生性金融商品避險交易（含多頭及空
頭交易），其各項權利金、保證金及類似支出總和，不
得逾外國有價證券持有部位總額之百分之三十。

七、證券商自行買賣外國有價證券及從事外國衍生性金融商
品避險交易之持有部位，其相關信用評級（含國家主權評
等、長期債務發行評等（Issue Rating）、避險交易之交易
相對人評等（Issuer Rating），嗣後如下降以致未符合最低
標準者，僅得出售或結清其持有部位。

八、證券商依「證券商管理規則」第三十一條之二規定，所訂定之
處理程序應納入內部控制制度，並依第二條規定辦理。另經營
本業務應設立獨立帳戶，且不得與受託買賣帳戶相互流用。

九、本案之會計處理，應依「證券商財務報告編製準則」規定
辦理，若無適當會計科目入帳者，應以暫列其他科目方式
入帳，並於財務報表上揭露；另證券商計算其自有資本適
足比率，若無相對應之風險係數可供使用時，應依其暴險
金額百分之百提計經營風險約當金額。

一〇、請副本收受者臺灣證券交易所股份有限公司及財團法人
　　　中華民國證券櫃檯買賣中心對證券商進行財務、業務之
　　　查核時，應將本案列入查核範圍，並請臺灣證券交易所
　　　股份有限公司於「證券商單一窗口」新增相關欄位，以
　　　利證券商進行交易金額申報事宜。

國家圖書館出版品預行編目

衍生性商品與 ISDA 合約法務控管實務手冊 ＝Handbook of legal practice in　derivatives and ISDA agreement / 簡堅訓 著. - - 一版.
臺北市：秀威資訊科技,2005〔民 94〕
面 ；　　公分. --　參考書目：面
ISBN 978-986-7263-50-6（平裝）
1. 衍生性商品 － 法規論述

563.51　　　　　　　　　　　　　　94012800

 企業管理類　AI0005

衍生性商品與 ISDA 合約法務控管實務手冊

作　　者 / 簡堅訓
發 行 人 / 宋政坤
執行編輯 / 林秉慧
圖文排版 / 郭雅雯
封面設計 / 羅季芬
數位轉譯 / 徐真玉　沈裕閔
銷售發行 / 林怡君
網路服務 / 徐國晉
出版印製 / 秀威資訊科技股份有限公司
　　　　　台北市內湖區瑞光路 583 巷 25 號 1 樓
　　　　　電話：02-2657-9211　　　傳真：02-2657-9106
　　　　　E-mail：service@showwe.com.tw
經 銷 商 / 紅螞蟻圖書有限公司
　　　　　台北市內湖區舊宗路二段 121 巷 28、32 號 4 樓
　　　　　電話：02-2795-3656　　　傳真：02-2795-4100
　　　　　http://www.e-redant.com

2006 年 7 月 BOD 再刷
定價：260 元

讀　者　回　函　卡

感謝您購買本書，為提升服務品質，煩請填寫以下問卷，收到您的寶貴意見後，我們會仔細收藏記錄並回贈紀念品，謝謝！

1.您購買的書名：＿＿＿＿＿＿＿＿＿＿＿＿＿＿＿＿＿＿

2.您從何得知本書的消息？

　　□網路書店　□部落格　□資料庫搜尋　□書訊　□電子報　□書店

　　□平面媒體　□ 朋友推薦　□網站推薦 □其他＿＿＿＿＿

3.您對本書的評價：(請填代號　1.非常滿意 2.滿意 3.尚可 4.再改進)

　　封面設計＿＿＿　版面編排＿＿＿　內容＿＿＿　文/譯筆＿＿＿　價格＿＿＿

4.讀完書後您覺得：

　　□很有收獲　□有收獲　□收獲不多　□沒收獲

5.您會推薦本書給朋友嗎？

　　□會　□不會，為什麼？＿＿＿＿＿＿＿＿＿＿＿＿＿＿＿＿

6.其他寶貴的意見：＿＿＿＿＿＿＿＿＿＿＿＿＿＿＿＿＿＿

＿＿＿＿＿＿＿＿＿＿＿＿＿＿＿＿＿＿＿＿＿＿＿＿＿＿＿

＿＿＿＿＿＿＿＿＿＿＿＿＿＿＿＿＿＿＿＿＿＿＿＿＿＿＿

＿＿＿＿＿＿＿＿＿＿＿＿＿＿＿＿＿＿＿＿＿＿＿＿＿＿＿

讀者基本資料

姓名：＿＿＿＿＿＿＿＿＿　年齡：＿＿＿＿　性別：□女 □男

聯絡電話：＿＿＿＿＿＿＿＿　E-mail：＿＿＿＿＿＿＿＿＿＿

地址：＿＿＿＿＿＿＿＿＿＿＿＿＿＿＿＿＿＿＿＿＿＿＿＿＿

學歷：□高中(含)以下　　□高中　　□專科學校　　□大學

　　　□研究所(含)以上 □其他＿＿＿＿＿＿＿

職業：□製造業 □金融業 □資訊業 □軍警 □傳播業 □自由業

　　　□服務業 □公務員 □教職　 □學生 □其他＿＿＿＿＿

To：114

台北市內湖區瑞光路 583 巷 25 號 1 樓

秀威資訊科技股份有限公司　　　收

寄件人姓名：

寄件人地址：□□□

(請沿線對摺寄回,謝謝!)

秀威與 BOD

BOD（Books On Demand）是數位出版的大趨勢,秀威資訊率先運用 POD 數位印刷設備來生產書籍,並提供作者全程數位出版服務,致使書籍產銷零庫存,知識傳承不絕版,目前已開闢以下書系:

一、BOD 學術著作—專業論述的閱讀延伸
二、BOD 個人著作—分享生命的心路歷程
三、BOD 旅遊著作—個人深度旅遊文學創作
四、BOD 大陸學者—大陸專業學者學術出版
五、POD 獨家經銷—數位產製的代發行書籍

BOD 秀威網路書店：www.showwe.com.tw
政府出版品網路書店：www.govbooks.com.tw

永不絕版的故事・自己寫・永不休止的音符・自己唱